1 Aus den Ziffern 2, 3, 4, 6, 8 und 9 sollen Zahlen mit drei Nachkommastellen gebildet werden. Dabei soll jede Ziffer nur einmal vorkommen.

   a Bilde die kleinste Zahl: _____

   b Bilde die größte Zahl: _____

   c Ergänze die fehlenden Ziffern so, dass die Rechnung stimmt:

   826,_____ + _____,293 = 1 652,732

2 Sophia hat auf Zehner gerundet 120 € in ihrem Geldbeutel.
Welche Beträge könnte sie wirklich besitzen?

   ☐ 124,60 €

   ☐ 114,60 €

   ☐ 126,12 €

   ☐ 119,12 €

Begründe deine Entscheidung.

3 Gib jeweils die Stelle an, auf die gerundet wurde.

   a $777 \approx 800$ _____

   b $77,389 \approx 77,4$ _____

   c $13,892 \approx 13,89$ _____

   d $1\,348\,925 \approx 1\,350\,000$ _____

4 Eine ganze Zahl ergibt auf Zehner gerundet 3 490.
Welche Zahl könnte das sein? Gib alle Möglichkeiten an.

5 Färbe genau $\frac{1}{4}$ der vorgegebenen Figuren.

a

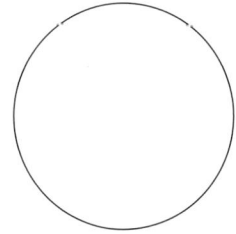

b

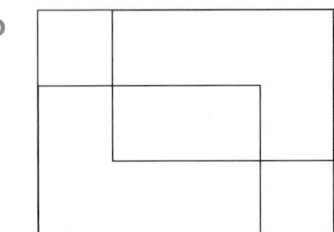

6 Vergleiche die Zahlen. Setze >, < oder = ein.

a $\frac{1}{8}$ ☐ 0,12

b $3\frac{1}{5}$ ☐ 3,289

c $2\frac{1}{5}$ ☐ 2,2

d −81 ☐ −84

7 Am Mittag zeigt ein Thermometer +5 °C an. Am Morgen war es 8 °C kälter.

a Welche Temperatur zeigte das Thermometer am Morgen an?

b Kreuze alle Temperaturen an, die unter −4 °C liegen.

☐ −3 °C

☐ 0 °C

☐ −4,5 °C

☐ −5 °C

8 Berechne jeweils den Wert des Terms.

a $4 \cdot (36 + 8)$

b $74 - (12 - 3)$

c $(14 + 3) \cdot 2 - 18$

d $(995 - 125) : 6$

LÖSUNGSHEFT

Mathematik · VERA 8

STARK

Zuordnung der Aufgaben zu den Themengebieten:

Leitidee Zahl

Leitidee Funktionaler Zusammenhang

Leitidee Messen/Raum und Form

Leitidee Daten und Zufall

© 2018 Stark Verlag GmbH
www.stark-verlag.de
1. Auflage 2010

Lösungen

1 a) 234,689

b) 986,432

c) 826,**439** + **826**,293 = 1 652,732

2 ☒ 124,60 € ≈ 120 €   (bei 4 abrunden)

☐ 114,60 € ≈ 110 €   (bei 4 abrunden)

☐ 126,12 € ≈ 130 €   (bei 6 aufrunden)

☒ 119,12 € ≈ 120 €   (bei 9 aufrunden)

3 a) Hunderter

b) Zehntel

c) Hundertstel

d) Zehntausender

4 3 485; 3 486; 3 487; 3 488; 3 489; 3 490; 3 491; 3 492; 3 493; 3 494

5 a)   b)

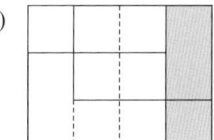

6 a) $\dfrac{1}{8} > 0,12$ b) $3\dfrac{1}{5} < 3,289$

c) $2\dfrac{1}{5} = 2,2$ d) $-81 > -84$

7 a) $5\,°C - 8\,°C = -3\,°C$

b) ☐ $-3\,°C$

☐ $0\,°C$

☒ $-4,5\,°C$

☒ $-5\,°C$

8 a) $4 \cdot (36 + 8) =$
$4 \cdot 44 = 176$

b) $74 - (12 - 3) =$
$74 - 9 = 65$

c) $(14 + 3) \cdot 2 - 18 =$
$17 \cdot 2 - 18 =$
$34 - 18 = 16$

d) $(995 - 125) : 6 =$
$870 : 6 = 145$

9 a) ☐ 12
☐ 8
☒ 10
☐ 19

b) z. B.: $a = 6 \qquad b = 20$
oder: $a = 4 \qquad b = 18$
oder: $a = 2 \qquad b = 16$

c) z. B.: $a = 4 \qquad b = 10$
oder: $a = 8 \qquad b = 4$
oder: $a = 12 \qquad b = 2$

10 ☐ $-34x + 26 - 18 + 31x$
☒ $(6x - 10) : 2$
☐ $2 \cdot (1{,}5x - 5)$
☒ $16x - 12 - 21x + 9 + 8x - 2$

11 a) $19x - 3 + 16x + 18 + 11x = 46x + 15$
$16 \cdot (2x + 5) - 21x = 11x + 80$

b) $46 \cdot 2 + 15 = 107$
$11 \cdot 2 + 80 = 102$

12 a)

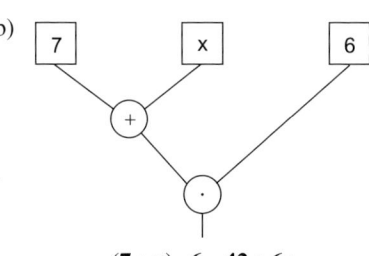

$7 - (x - 6) =$
$7 - x + 6 = 13 - x$

b)

$(7 + x) \cdot 6 = 42 + 6x$

13 ☐ $x = 5$
   ☒ $x = 3$
   ☐ $x = 4$
   ☐ $x = 1$

14 a) $5x + 4 = 69 \quad |-4$
          $5x = 65 \quad |:5$
          $x = 13$

   b) $3x + 14 = 41 \quad |-14$
          $3x = 27 \quad |:3$
          $x = 9$

   c) $16x - 6x + 70 - 84 = 28 - 4x$
          $10x - 14 = 28 - 4x \quad |+4x$
          $14x - 14 = 28 \quad |+14$
          $14x = 42 \quad |:14$
          $x = 3$

   d) $2 \cdot (4x + 2) = 16 + 2x$
          $8x + 4 = 16 + 2x \quad |-2x$
          $6x + 4 = 16 \quad |-4$
          $6x = 12 \quad |:6$
          $x = 2$

15 ☐ Ich denke mir eine Zahl, subtrahiere davon vier und addiere sechs.
        Dann erhalte ich die Zahl 18.

   ☒ Das Vierfache einer Zahl vermehrt um sechs ist 18.

   ☐ Wenn man den vierten Teil einer Zahl mit sechs addiert, erhält man 18.

16 $6 \cdot (4x - 12) = 48 \quad |:6$ oder: $24x - 72 = 48$
          $4x - 12 = 8 \quad |+12$
          $4x = 20 \quad |:4$
          $x = 5$

17 a) ☒ $2 \cdot (x + x + 7) = 34$
          ☐ $(x + 7) : 2 = 34$
          ☒ $2x + 7 = 34 : 2$
          ☐ $x + x + 7 = 34 \cdot 2$

   b) $2 \cdot (x + x + 7) = 34 \quad |:2$
          $2x + 7 = 17 \quad |-7$
          $2x = 10 \quad |:2$
          $x = 5$

   Es müssen fünf Kerzen auf die Geburtstagstorte.

18

$$3 - 2 \cdot (x + 2) = 3$$
$$3 - 2x + 4 = 3$$
$$7 - 2x = 3 \quad | -7$$
$$-2x = -4 \quad | : (-2)$$
$$x = 2$$

$$3 - 2 \cdot (x + 2) = 3$$
$$3 - 2x - 4 = 3$$
$$-2x - 1 = 3 \quad | +1$$
$$-2x = 4 \quad | : (-2)$$
$$x = -2$$

19 a) $37,5\,\%$ b) $25\,\%$

20

I	II	III
Von den 1 200 Mitgliedern des Sportvereins sind 30 % in der Fußballabteilung angemeldet.	Bei einer Umfrage gaben 500 Personen (40 % aller Befragten) an, dass ihr Lieblingsurlaubsland Italien sei.	Bei einer Tombola nahm die Klasse 8 a 850 € ein. 255 € davon möchte sie für Kinder in Afrika spenden.

a) Prozentwert · · · · · Grundwert · · · · · Prozentsatz

b)
$$100\,\% \,\hat{=}\, 1\,200 \qquad 40\,\% \,\hat{=}\, 500 \qquad 850\,€ \,\hat{=}\, 100\,\%$$
$$1\,\% \,\hat{=}\, 12 \qquad 1\,\% \,\hat{=}\, 12,5 \qquad 1\,€ \,\hat{=}\, 100\,\% : 850$$
$$30\,\% \,\hat{=}\, 360 \qquad 100\,\% \,\hat{=}\, 1\,250 \qquad 255\,€ \,\hat{=}\, 30\,\%$$

21 a) Hose: $100\,\% \,\hat{=}\, 75,00\,€$ Pulli: $100\,\% \,\hat{=}\, 80,00\,€$
$$1\,\% \,\hat{=}\, 0,75\,€ \qquad\qquad\qquad 1\,\% \,\hat{=}\, 0,80\,€$$
$$80\,\% \,\hat{=}\, 60,00\,€ \qquad\qquad\qquad 85\,\% \,\hat{=}\, 68,00\,€$$

Gesamtpreis: $60\,€ + 68\,€ = 128\,€$

b) $9,90\,€ \cdot 3 = 29,70\,€$ (Preis für drei einzelne Shirts)

Ersparnis: $29,70\,€ - 24,50\,€ = 5,20\,€$

$$p = \frac{P \cdot 100}{G}$$

$$p = \frac{5,20\,€ \cdot 100}{29,70\,€}$$

$$p\,\% \approx 17,5\,\%$$

c) Wenn sie 12 % spart, zahlt sie noch 88 %:
$$88\,\% \,\hat{=}\, 44,00\,€$$
$$1\,\% \,\hat{=}\, 0,50\,€$$
$$100\,\% \,\hat{=}\, 50,00\,€$$

22 a) 5 % reduziert:

 100 % $\triangleq$ 100 €

 1 % $\triangleq$ 1 €

 95 % $\triangleq$ 95 €

nochmals 10 % reduziert:

100 % $\triangleq$ 95,00 €

1 % $\triangleq$ 0,95 €

90 % $\triangleq$ 85,50 €

Die Stiefel kosten noch 85,50 €.

b) ☒ Ja

 ☐ Nein

 100 % $\triangleq$ 100 €

 85 % $\triangleq$ 85 €

23 Besucher an den restlichen Wochentagen:

 118 % $\triangleq$ 413 Besucher

 1 % $\triangleq$ 3,5 Besucher

 100 % $\triangleq$ 350 Besucher

Besucher insgesamt:

4 · 350 Besucher + 413 Besucher + 1 050 Besucher = 2 863 Besucher

24 25 500 € – 21 000 € = 4 500 €

$$p = \frac{P \cdot 100}{G}$$

$$p = \frac{4\,500\ € \cdot 100}{25\,500\ €}$$

p % ≈ 17,6 %

Die Aussage stimmt nicht genau. Es werden nur 17,6 % gespart.

25 a) 7 % $\triangleq$ 217 g

 1 % $\triangleq$ 31 g

 100 % $\triangleq$ 3 100 g

b) ☐ 3 700 g

 ☒ 3 483 g

 ☐ 3 917 g

 ☐ 3 350 g

3 100 g – 217 g + 4 · 150 g = 3 483 g

26 a)

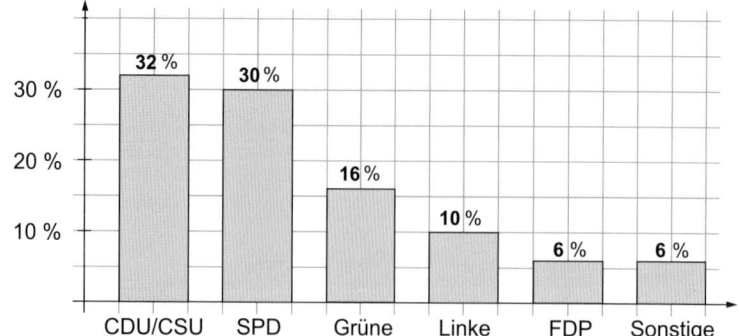

b) $P_{CDU/CSU} = \dfrac{G \cdot p}{100}$

$P_{SPD} = \dfrac{G \cdot p}{100}$

$P_{CDU/CSU} = \dfrac{1\,250 \cdot 32}{100}$ Stimmen

$P_{SPD} = \dfrac{1\,250 \cdot 30}{100}$ Stimmen

$P_{CDU/CSU} = 400$ Stimmen

$P_{SPD} = 375$ Stimmen

27 a)

Anzahl	10	35	50	70	90	100	110
Preis in €	70	245	350	490	630	700	770

Preis für ein Stück: 245 € : 35 = 7 €

b) z. B.: Anzahl gekaufter DVDs – Preis

28

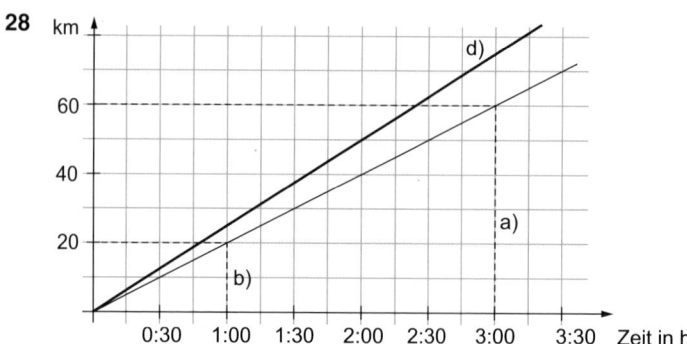

a) 60 km

b) ☐ $10 \frac{km}{h}$

☐ $15 \frac{km}{h}$

☒ $20 \frac{km}{h}$

c) $20 \, km \cdot 2 \cdot 7 = 280 \, km$

d) Siehe Grafik oben.

29 Preis für eine Rose: $7,50 \, € : 3 = 2,50 \, €$
Preis für acht Rosen: $2,50 \, € \cdot 8 = 20 \, €$
Preis für 15 Rosen: $2,50 \, € \cdot 15 = 37,50 \, €$

30 a) ☒ Anzahl der Eiskugeln → Preis für dieses Eis
☐ Alter eines Menschen → Gewicht des Menschen
☒ Anzahl der Kinogänger → Einnahmen an der Kinokasse
☒ Menge der Kirschen → Preis für die Kirschen
☐ Anzahl der Schüler in einer Klasse → Anzahl der Note 1 in einer Arbeit

b) Das Gewicht eines Menschen hängt nicht unbedingt von seinem Alter ab. Hier gibt es keinen Zusammenhang. Dies gilt auch für die Anzahl der Schüler einer Klasse und der Note 1 in einer Arbeit.

31

Zeit in h	1	2	4	7	9	12	16	17
Kosten in €	65	130	260	455	585	780	1 040	1 105

32 a) 3 Personen $\triangleq$ 450 g
1 Person $\triangleq$ 150 g
5 Personen $\triangleq$ 750 g

33 a) ☐ direkt proportionale Zuordnung
☒ umgekehrt proportionale Zuordnung

b)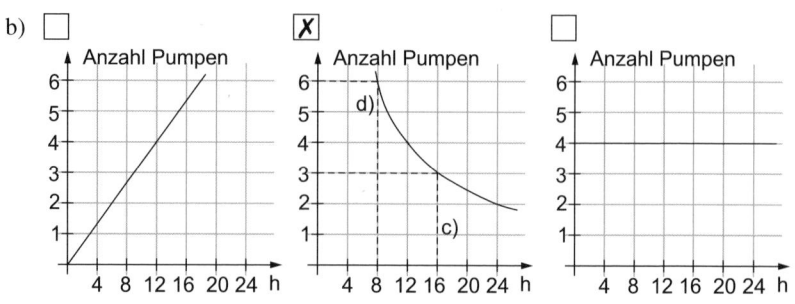

c) 16 h

d) 6 Pumpen

34 ☒ Insgesamt macht die Familie 1,5 Stunden Pause.

☐ Auf dem letzten Teilstück fährt Familie Gruber mit der höchsten Geschwindigkeit.

☐ Die Familie fährt jedes Teilstück immer über 60 $\frac{km}{h}$.

☒ Nach sechs Stunden ist die Familie am Ziel angekommen.

35 a) ☐   ☐   ☒

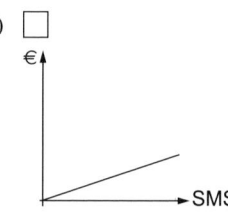 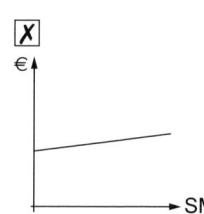

b) 5,88 € muss Ben auf jeden Fall bezahlen; damit kann der Graph nicht im Ursprung beginnen. Da für jede geschriebene SMS bezahlt werden muss, steigt der Graph gleichmäßig an.

c) 5,88 € + 12 · 0,14 € =
5,88 € + 1,68 € = 7,56 €

d) ☐ 64

☐ 36

☒ 22

8,96 € − 5,88 € = 3,08 €
3,08 € : 0,14 € = 22

36 27 kg – 12 kg = 15 kg
15 kg : 2 = 7,5 kg

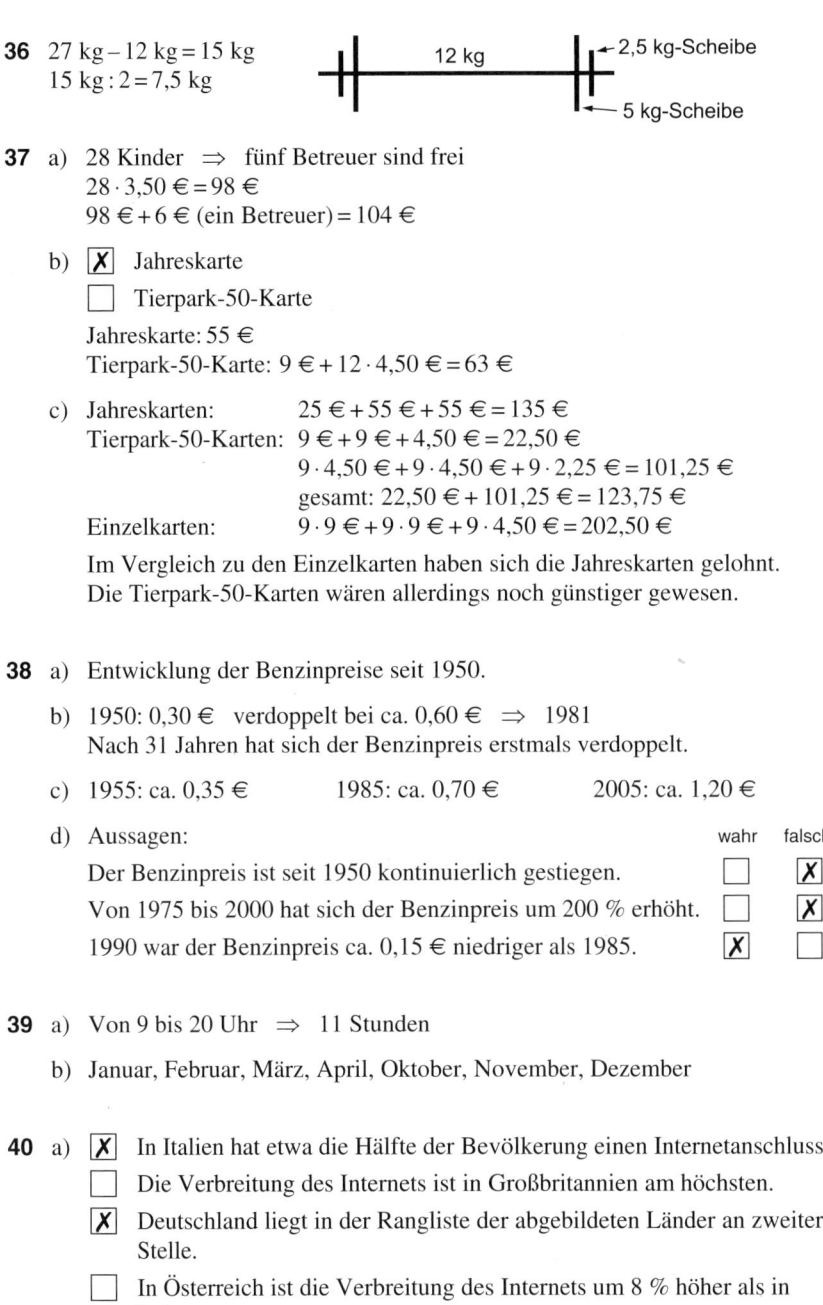

12 kg

2,5 kg-Scheibe

5 kg-Scheibe

37 a) 28 Kinder ⇒ fünf Betreuer sind frei
28 · 3,50 € = 98 €
98 € + 6 € (ein Betreuer) = 104 €

b) ☒ Jahreskarte
☐ Tierpark-50-Karte
Jahreskarte: 55 €
Tierpark-50-Karte: 9 € + 12 · 4,50 € = 63 €

c) Jahreskarten: 25 € + 55 € + 55 € = 135 €
Tierpark-50-Karten: 9 € + 9 € + 4,50 € = 22,50 €
9 · 4,50 € + 9 · 4,50 € + 9 · 2,25 € = 101,25 €
gesamt: 22,50 € + 101,25 € = 123,75 €
Einzelkarten: 9 · 9 € + 9 · 9 € + 9 · 4,50 € = 202,50 €

Im Vergleich zu den Einzelkarten haben sich die Jahreskarten gelohnt.
Die Tierpark-50-Karten wären allerdings noch günstiger gewesen.

38 a) Entwicklung der Benzinpreise seit 1950.

b) 1950: 0,30 € verdoppelt bei ca. 0,60 € ⇒ 1981
Nach 31 Jahren hat sich der Benzinpreis erstmals verdoppelt.

c) 1955: ca. 0,35 €   1985: ca. 0,70 €   2005: ca. 1,20 €

d) Aussagen: wahr   falsch
Der Benzinpreis ist seit 1950 kontinuierlich gestiegen.   ☐   ☒
Von 1975 bis 2000 hat sich der Benzinpreis um 200 % erhöht.   ☐   ☒
1990 war der Benzinpreis ca. 0,15 € niedriger als 1985.   ☒   ☐

39 a) Von 9 bis 20 Uhr ⇒ 11 Stunden

b) Januar, Februar, März, April, Oktober, November, Dezember

40 a) ☒ In Italien hat etwa die Hälfte der Bevölkerung einen Internetanschluss.
☐ Die Verbreitung des Internets ist in Großbritannien am höchsten.
☒ Deutschland liegt in der Rangliste der abgebildeten Länder an zweiter
Stelle.
☐ In Österreich ist die Verbreitung des Internets um 8 % höher als in
Polen.

b) z. B.:
- Am meisten verbreitet ist das Internet in Schweden.
- 54 % der spanischen Haushalte haben einen Internetzugang.
- In Griechenland ist das Internet weniger verbreitet als in Portugal.

c) z. B.: 2009 hatten fast 80 % der deutschen Haushalte einen Internetanschluss. In den drei Jahren davor wuchs die Anzahl um ca. 4 % jährlich. Wenn die Anzahl weiter in diesem Maße wachsen würde, hätten 2015 alle Haushalte einen Internetanschluss. Ich glaube aber, dass in Zukunft die Anzahl langsamer wachsen wird, da ja schon sehr viele Haushalte einen Anschluss haben. Daher denke ich, dass 2015 etwa 90 % der Haushalte einen Internetanschluss haben werden.

41 a) 10:31 Uhr bis 11:42 Uhr $\Rightarrow$ 1 h 11 min
11:06 Uhr bis 12:09 Uhr $\Rightarrow$ 1 h 3 min

Sie sind mindestens 1 h 3 min unterwegs.

b) Da die Züge fast gleich schnell sind, würde ich den Zug für 15,50 € empfehlen, da dieser günstiger ist.

c) 9-mal

d) z. B.:
- Wie lange braucht der erste Zug von Bad Endorf nach Bergen?
- Auf welchem Gleis fährt der zweite Zug in Rosenheim ab?

42 a) ☐ 349,8 ℓ
☐ 3 498 ℓ
☒ 34 980 ℓ
☐ 349 800 ℓ

b) ☐ 5 d 13 h 30 min
☐ 4 d 18 h 30 min
☒ 5 d 19 h
☐ 5 d 17 h 30 min

43 0,21 kg = 210 g

$$210\,\text{g} : 6\,\frac{\text{g}}{\text{Stück}} = 35\,\text{Stück}$$

44 a) 15,7 km² > 157 m²

b) 3,5 h < 126 000 s

c) 990 ct = 9,90 €

d) 56 ℓ > 560 dm³

45 Der Mann ist in Wirklichkeit etwa 1,80 m groß, im Bild misst er 2,5 cm.
Die Laterne misst im Bild 7,5 cm.

$2,5\,\text{cm} \triangleq 1,8\,\text{m}$

$1\,\text{cm} \triangleq 0,72\,\text{m}$

$7,5\,\text{cm} \triangleq 5,4\,\text{m}$

Die Laterne ist etwa 5,4 m hoch.

46 a)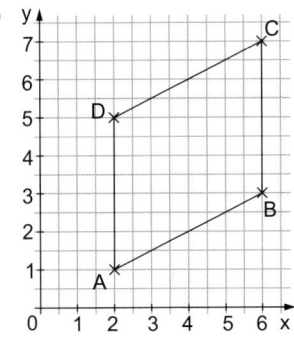

b) Parallelogramm

47 a) A(**0**|**4**)
B(**1**|**1**)
C(**2,5**|**0,5**)

b)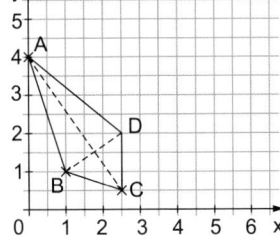

48 a)
b)

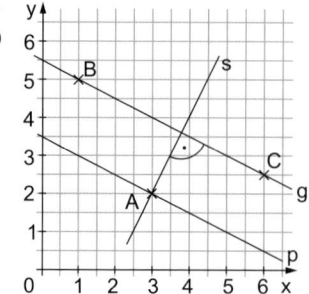

c) 1,8 cm

49

50 a)

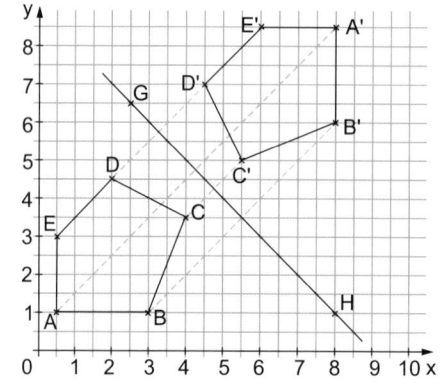

b) A'(**8|8,5**)   B'(**8|6**)   C'(**5,5|5**)
D'(**4,5|7**)   E'(**6|8,5**)

51 a) 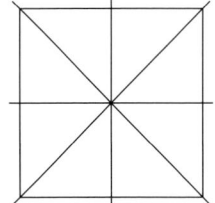   b)

c)    d)

52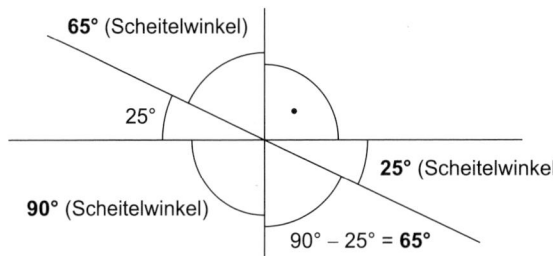

65° (Scheitelwinkel)

25°

25° (Scheitelwinkel)

90° (Scheitelwinkel)

90° − 25° = **65°**

53 a) ☐   Stumpfer Winkel   b) ☒   Spitzer Winkel
     ☒   Überstumpfer Winkel   ☐   Stumpfer Winkel

c) ☒   Rechter Winkel   d) ☐   Nullwinkel
     ☐   Gestreckter Winkel   ☒   Vollwinkel

54 ☒ $\alpha = 35°$ (Stufenwinkel)
    ☐ $g \perp m$
    ☒ $\beta = 145°$ (Nebenwinkel)
    ☐ $g \parallel h$

55 a) ☐ $3{,}75 \ m^2$
      ☐ $3{,}63 \ m^2$
      ☒ $3{,}41 \ m^2$

$0{,}12 \ kg = 120 \ g$

$409 \ g : 120 \ \dfrac{g}{m^2} \approx 3{,}41 \ m^2$

b) $A = \dfrac{1}{2} \cdot g \cdot h$

$3,41\,\text{m}^2 = \dfrac{1}{2} \cdot 2,5\,\text{m} \cdot h$

$3,41\,\text{m}^2 = 1,25\,\text{m} \cdot h$

$h = 2,728\,\text{m}$

56 a) ☐ $\quad A = \dfrac{1}{2} \cdot h \cdot b$

☐ $\quad A = \dfrac{1}{2} + a + b$

☐ $\quad A = \dfrac{1}{2} \cdot a \cdot b$

☒ $\quad A = \dfrac{1}{2} \cdot h \cdot a$

b) $A = \dfrac{1}{2} \cdot h \cdot a$

$A = \dfrac{1}{2} \cdot 15\,\text{m} \cdot 4\,\text{m}$

$A = 30\,\text{m}^2$

57

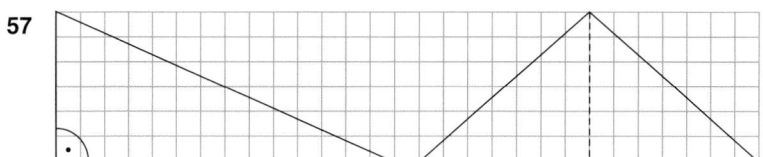

58 ☐ Jedes Viereck, das vier 90°-Winkel hat, heißt Quadrat.

☒ Jedes Quadrat ist auch eine Raute.

☒ Ein Viereck, bei dem nur zwei Seiten parallel sind, heißt Trapez.

☐ Jedes Parallelogramm ist auch ein Rechteck.

☐ Jedes Viereck, bei dem gegenüberliegende Winkel gleich groß sind, heißt Drachen.

☒ Bei einem Viereck mit vier 90°-Winkeln könnte es sich um ein Quadrat oder ein Rechteck handeln.

59 $A = a^2$
$A = (9 \text{ cm})^2$
$A = 81 \text{ cm}^2$
$\frac{1}{4}$ von $81 \text{ cm}^2 \Rightarrow A_{\text{grau}} = 81 \text{ cm}^2 : 4 = 20{,}25 \text{ cm}^2$

60 a) $A_{\text{Platten}} = 25 \text{ cm} \cdot 50 \text{ cm}$
$A_{\text{Platten}} = 1\,250 \text{ cm}^2$
$A_{\text{Tafel}} = 200 \text{ cm} \cdot 100 \text{ cm}$
$A_{\text{Tafel}} = 20\,000 \text{ cm}^2$
$20\,000 \text{ cm}^2 : 1\,250 \text{ cm}^2 = 16$
oder:
maßstabsgetreue Skizze:

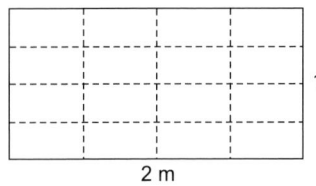

Er erhält 16 Platten.

b) $A_{\text{Platten}} = 25 \text{ cm} \cdot 25 \text{ cm}$
$A_{\text{Platten}} = 625 \text{ cm}^2$
$20\,000 \text{ cm}^2 : 625 \text{ cm}^2 = 32$
oder:
maßstabsgetreue Skizze:

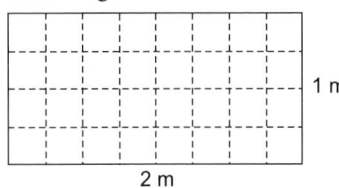

Er erhält doppelt so viele Platten (32 Stück).

61 Annahme I: $a = 10 \text{ cm}$; $b = 5 \text{ cm}$ Annahme II: $a = 20 \text{ cm}$; $b = 10 \text{ cm}$
$A = 10 \text{ cm} \cdot 5 \text{ cm}$ $A = 20 \text{ cm} \cdot 10 \text{ cm}$
$A = 50 \text{ cm}^2$ $A = 200 \text{ cm}^2$
Der Flächeninhalt vervierfacht sich.

62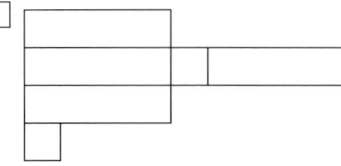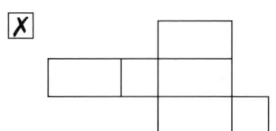

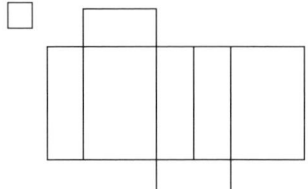 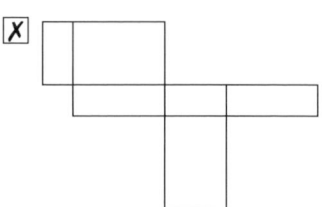

63 a) 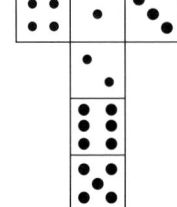   b)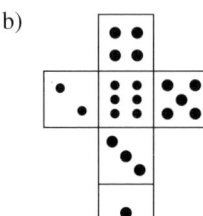

c) 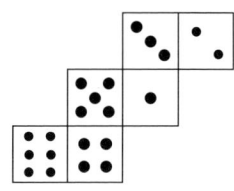   d)

64 $V = a \cdot b \cdot c$

$V_1 = 27 \text{ cm} \cdot 15 \text{ cm} \cdot 20 \text{ cm}$

$V_1 = 8\,100 \text{ cm}^3$

$V_2 = 20 \text{ cm} \cdot 35 \text{ cm} \cdot 7{,}5 \text{ cm}$

$V_2 = 5\,250 \text{ cm}^3$

$V_3 = 20 \text{ cm} \cdot 35 \text{ cm} \cdot 20 \text{ cm}$

$V_3 = 14\,000 \text{ cm}^3$

$V_{ges} = 14\,000 \text{ cm}^3 + 5\,250 \text{ cm}^3 + 8\,100 \text{ cm}^3$

$V_{ges} = 27\,350 \text{ cm}^3 = 27{,}35 \text{ dm}^3$

65 a) Maßstab hier: 1:4

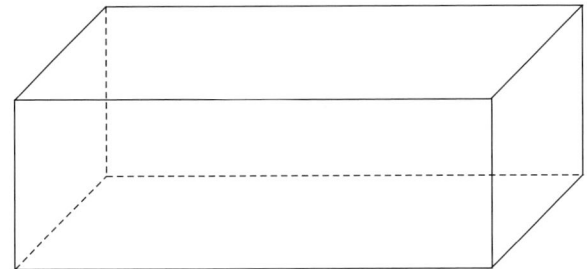

b) $4 \cdot 26 \text{ cm} + 4 \cdot 14 \text{ cm} + 4 \cdot 9 \text{ cm} = 196 \text{ cm}$

66 a) ☐ 10
   ☐ 11
   ☐ 20
   ☒ 22
   ☐ 25

$V = a \cdot b \cdot c$
$V = 1,5 \text{ m} \cdot 0,5 \text{ m} \cdot 1 \text{ m}$
$V = 0,75 \text{ m}^3 = 750 \text{ dm}^3 = 750 \ \ell$

$750 \ \ell : 70 \ \ell \approx 11$

Für einen Kasten braucht man elf Säcke, für zwei also 22.
oder: Wenn man die Kästen nicht ganz voll macht, braucht man 20 Säcke.

b) $A = 1,5 \text{ m} \cdot 0,5 \text{ m} + 2 \cdot 0,5 \text{ m} \cdot 1 \text{ m} + 2 \cdot 1,5 \text{ m} \cdot 1 \text{ m}$
$A = 4,75 \text{ m}^2$

$2 \cdot 4,75 \text{ m}^2 = 9,5 \text{ m}^2$

67 Lehrer in Lalling: $40 - 12 - 4 - 2 = 22$

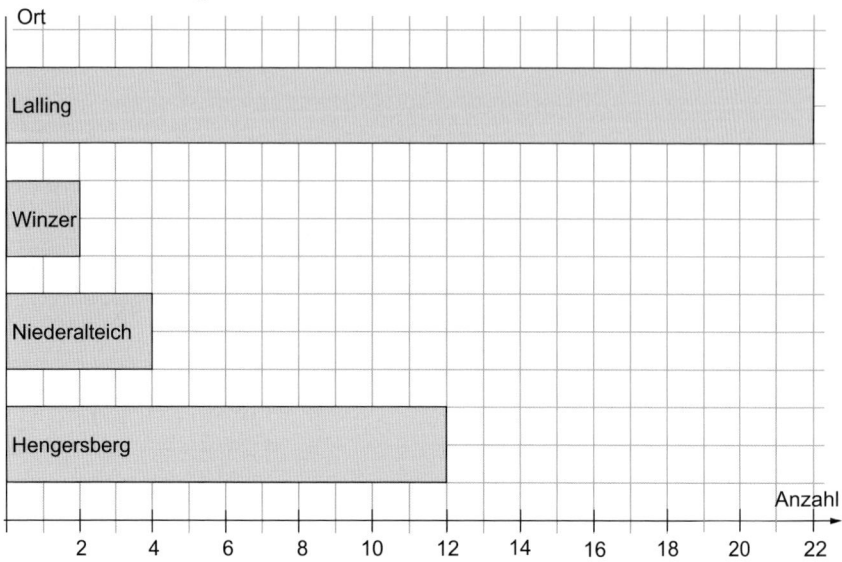

68 a) 11 11 11 12 12 13 13 13 13 13 13 14
      14 14 14 15 15 15 15 15 16 16 16 17

b)

Alter der Sportler	11	12	13	14	15	16	17
Anzahl der Sportler	3	2	6	4	5	3	1

c) $(11 \cdot 3 + 12 \cdot 2 + 13 \cdot 6 + 14 \cdot 4 + 15 \cdot 5 + 16 \cdot 3 + 17 \cdot 1) : 24 = 331 : 24 \approx 13,8$

69 a)

	Schulmensa	Schulhort	Kindergarten
absolute Häufigkeit	99	36	**45**
relative Häufigkeit	**55 %**	**20 %**	25 %

Schulmensa: $\dfrac{99}{180} = 0,55 = 55\,\%$

Schulhort: $\dfrac{36}{180} = 0,2 = 20\,\%$ oder: $100\,\% - 55\,\% - 25\,\% = 20\,\%$

Kindergarten: $180 - 99 - 36 = 45$ oder: 25 % von 180
                                               $180 : 4 = 45$

b)

Gericht	Spaghetti	Pizza	Fischstäbchen	Pfannkuchen
relative Häufigkeit	22,2 %	27,8 %	19,4 %	30,6 %

Spaghetti: $\dfrac{8}{36} \approx 0,222$

Pizza: $\dfrac{10}{36} \approx 0,278$

Fischstäbchen: $\dfrac{7}{36} \approx 0,194$

Pfannkuchen: $\dfrac{11}{36} \approx 0,306$

c) $100\,\% \mathrel{\hat=} 360,00°$
$\quad 1\,\% \mathrel{\hat=} 3,60°$
$\quad 27,8\,\% \mathrel{\hat=} 100,08° \approx 100°$
$\quad 19,4\,\% \mathrel{\hat=} 69,84° \approx 70°$
$\quad 30,6\,\% \mathrel{\hat=} 110,16° \approx 110°$

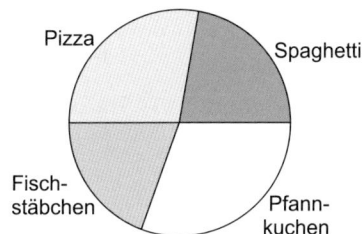

70 ☒ Den größten Anteil am Umsatz haben Tasteninstrumente.

☐ Der Kreissektor für die Blasinstrumente hat einen Winkel von genau 80°. $(3,6° \cdot 23 = 82,8°)$

☐ Schlag- und Saiteninstrumente machen die Hälfte des gesamten Umsatzes aus.

☒ Der Kreissektor für die sonstigen Instrumente hat einen Winkel von genau 72°. $(3,6° \cdot 20 = 72°)$

71 a) $(10\,°C + 10\,°C + 13\,°C + 16\,°C + 19\,°C + 22\,°C + 24\,°C + 23\,°C + 21\,°C + 18\,°C + 14\,°C + 10\,°C) : 12 = 200\,°C : 12 \approx 16,7\,°C$

b) Oktober: 80 mm ⎫
　 Juli: 30 mm ⎬ Differenz: 50 mm

72 a) Gespart: $17\,€ + 15\,€ + 15,50\,€ + 10\,€ + 11,50\,€ + 9\,€ = 78\,€$
　 Taschengeld: $6 \cdot 20\,€ = 120\,€$
　 Ausgaben: $120\,€ - 78\,€ = 42\,€$

b) $42\,€ : 6 = 7\,€$

c) $120 \,€ \mathrel{\widehat{=}} 100\,\%$

  $1 \,€ \mathrel{\widehat{=}} 100\,\% : 120$

  $78 \,€ \mathrel{\widehat{=}} 65\,\%$

73 a) Anzahl der Schüler: $7 + 5 + 7 + 2 + 3 + 2 = 26$

Notendurchschnitt: $(7 \cdot 1 + 5 \cdot 2 + 7 \cdot 3 + 2 \cdot 4 + 3 \cdot 5 + 2 \cdot 6) : 26 = 73 : 26 \approx 2{,}8$

b) ☐ Mehr als die Hälfte der Schüler hat eine bessere Note als 3.

☒ Mehr als die Hälfte der Schüler hat eine schlechtere Note als 2.

☒ Die Anzahl der Schüler mit den Noten von 1 bis 3 ist genauso groß wie die Anzahl der Schüler mit den Noten von 2 bis 6.

☐ Die Anzahl der Schüler mit den Noten von 2 bis 4 ist genauso groß wie die Anzahl der Schüler mit den Noten von 2 bis 6.

74 a) $1\,020 : 14 = 72{,}857 \approx 73$ Seiten

b)

Tag	1	2	3	4	5	6	7	8	9	10	11	12	13	14
Seiten-zahl	0	75	**154**	74	0	**154**	80	40	0	90	**154**	15	30	**154**

Anzahl Seiten, schon gelesen: $75 + 74 + 80 + 40 + 90 + 15 + 30 = 404$

Anzahl fehlende Seiten: $\quad 1\,020 - 404 = 616$

616 Seiten $: 4 = 154$ Seiten

c) ☐ 748

☐ 788

☒ 768

75 a) Wahrscheinlichkeit (Orange) $= \dfrac{18}{66} = \dfrac{3}{11} \approx 27{,}3\,\%$

b) Wahrscheinlichkeit (Zitrone) $= \dfrac{25}{66} \approx 37{,}9\,\%$

76 a) ☐ $\dfrac{5}{10}$ bzw. $50\,\%$

☒ $\dfrac{3}{20}$ bzw. $25\,\%$

☐ $0{,}33\,\%$ bzw. $2{,}89\,\%$

b) $\frac{3}{19}$, da nach Entnahme eines Nuss herzens noch 19 Pralinen in der Packung sind (davon drei Nussherzen).

7 a) 50 %

b) 12,5 %

c) 4-mal $(4 \cdot 30 = 120)$

d) KKSM; KSSS; KFMM; SSFM

e) 25 % (KF)

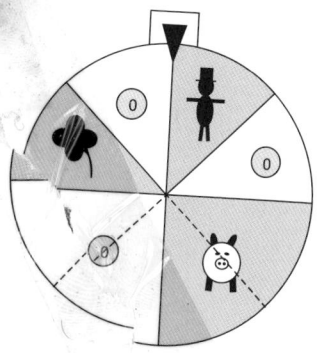

78 a) [X] $\frac{4}{13}$

   [ ] $\frac{1}{26}$

   [ ] $\frac{2}{7}$

   [ ] $\frac{1}{4}$

b) $13 - 4 = 9$

Wahrscheinlichkeit (Kirsche) $= \frac{1}{9} \approx 11,1 \%$

c) Wie groß ist die Wahrscheinlichkeit, dass **Pepe ein Fruchtgummi mit Orangengeschmack** erhält?

9 [ ] Ein A, ein B, ein C.

[ ] Ein A und zwei C.

[ ] Ein A, zwei B und drei C.

[ ] Ein B, drei A und drei C.

[X] Zwei C und ein A.

Lösungsheft zu Arbeitsheft Mathematik VERA 8
Version A: Hauptschule
(Best.-Nr. 9350001)

9 Gegeben sind alle geraden Zahlen von 2 bis 20.

    a Wie viele Zahlen sind das? Kreuze an.

        ☐ 12

        ☐ 8

        ☐ 10

        ☐ 19

    b Wähle aus den gegebenen Zahlen zwei Zahlen a und b so aus, dass gilt: $a - b = -14$.

        a = _____   b = _____

    c Wähle aus den gegebenen Zahlen zwei Zahlen a und b so aus, dass gilt: $a \cdot (2 + b) = 48$.

        a = _____   b = _____

10 Welche Terme ergeben zusammengefasst $3x - 5$? Kreuze an.

    ☐ $-34x + 26 - 18 + 31x$

    ☐ $(6x - 10) : 2$

    ☐ $2 \cdot (1,5x - 5)$

    ☐ $16x - 12 - 21x + 9 + 8x - 2$

11 Gegeben sind folgende Terme: $19x - 3 + 16x + 18 + 11x$ und $16 \cdot (2x + 5) - 21x$

    a Vereinfache beide Terme.

    b Setze nun in jeden Term für $x = 2$ ein und berechne.

12 Welcher Term ergibt sich jeweils aus dem Baumdiagramm?

    a

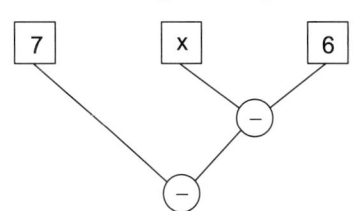

    b

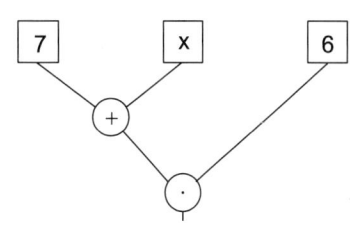

13   Welchen Wert musst du in der folgenden Gleichung für x einsetzen, damit die Gleichung stimmt?

$2 \cdot (x + 5) - x = 13$

☐ $x = 5$

☐ $x = 3$

☐ $x = 4$

☐ $x = 1$

14   Löse die Gleichungen.

a $5x + 4 = 69$

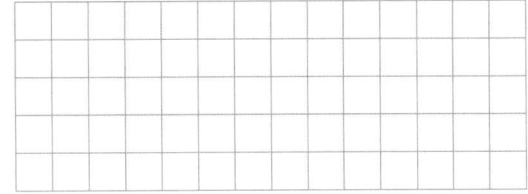

b $3x + 14 = 41$

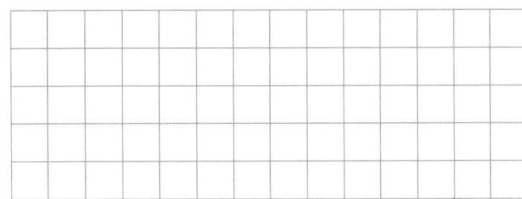

c $16x - 6x + 70 - 84 = 28 - 4x$

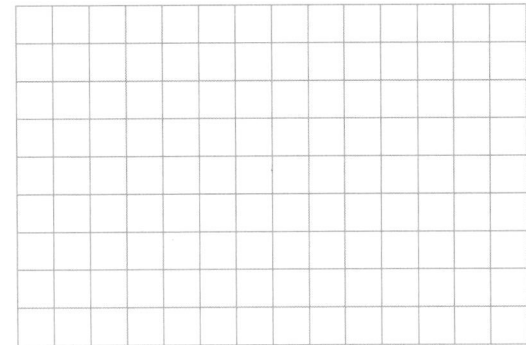

d $2 \cdot (4x + 2) = 16 + 2x$

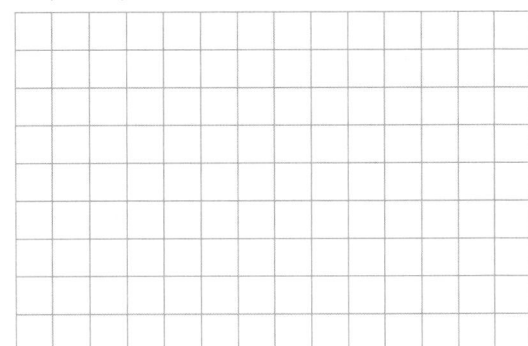

15   Welche Aussage passt zu der Gleichung $4x + 6 = 18$? Kreuze an.

☐   Ich denke mir eine Zahl, subtrahiere davon vier und addiere sechs. Dann erhalte ich die Zahl 18.

☐   Das Vierfache einer Zahl vermehrt um sechs ist 18.

☐   Wenn man den vierten Teil einer Zahl mit sechs addiert, erhält man 18.

16   Wie lautet die Ausgangsgleichung?

_____ = _____ $| : 6$

_____ = _____ $| + 12$

_____ = _____ $| : 4$

$x = 5$

17 Lukas ist sieben Jahre älter als seine Schwester Ines, die heute Geburtstag hat.
Zusammen sind sie halb so alt wie ihre 34-jährige Mutter.

    a Welche Gleichungen passen zu diesem Sachverhalt?

        ☐ $2 \cdot (x + x + 7) = 34$

        ☐ $(x + 7) : 2 = 34$

        ☐ $2x + 7 = 34 : 2$

        ☐ $x + x + 7 = 34 \cdot 2$

    b Wie viele Kerzen müssen auf die Geburtstagstorte von Ines?

18 Carlo hat beim Auflösen der Gleichung einen Fehler gemacht.
Kennzeichne den Fehler und rechne daneben richtig weiter.

$$3 - 2 \cdot (x + 2) = 3$$
$$3 - 2x + 4 = 3$$
$$7 - 2x = 3 \qquad | -7$$
$$-2x = -4 \qquad | : (-2)$$
$$x = 2$$

19 Wie viel Prozent der Figur sind jeweils markiert?

    a

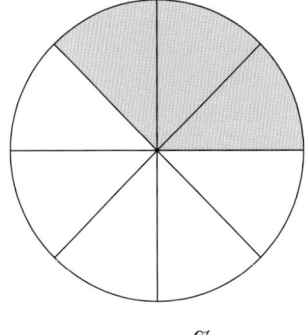

        _____ %

    b

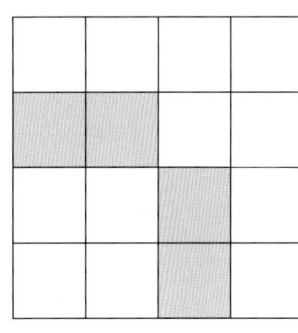

        _____ %

20

I
Von den 1 200 Mitgliedern des Sportvereins sind 30 % in der Fußballabteilung angemeldet.

II
Bei einer Umfrage gaben 500 Personen (40 % aller Befragten) an, dass ihr Lieblingsurlaubsland Italien sei.

III
Bei einer Tombola nahm die Klasse 8 a 850 € ein. 255 € davon möchte sie für Kinder in Afrika spenden.

a   Schreibe unter jeden Text, welche Angabe fehlt (Grundwert, Prozentwert oder Prozentsatz).

b   Berechne jeweils den fehlenden Wert.

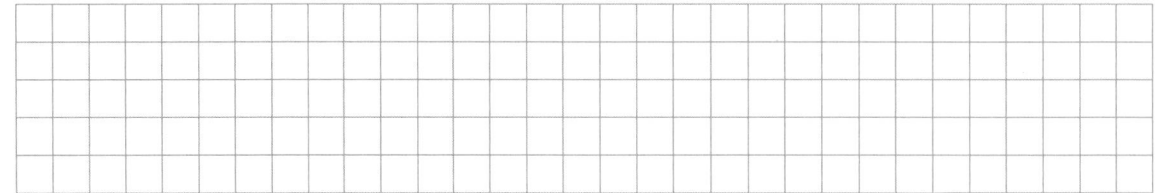

21 Chiara möchte den Schlussverkauf für einige Einkäufe nutzen.

a   Sie erhält 20 % Rabatt auf eine Hose für 75 € und 15 % auf einen Pulli für 80 €.
Wie viel muss Chiara für die Kleidung noch bezahlen?

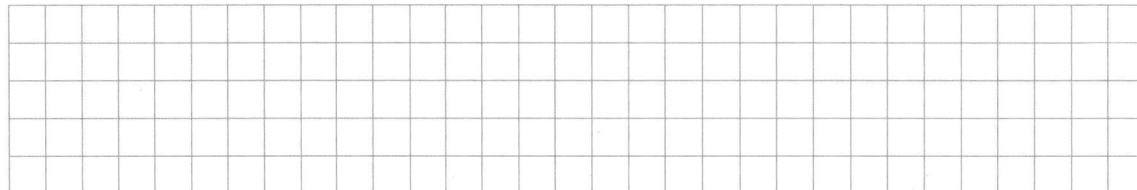

b   Wie viel Prozent spart Chiara, wenn sie drei Shirts kauft?

Angebot
1 Shirt: 9,90 €
3 Shirts: 24,50 €

c   Für eine Handtasche zahlt sie nach einem Rabatt von 12 % noch 44 €.
Berechne den ursprünglichen Preis.

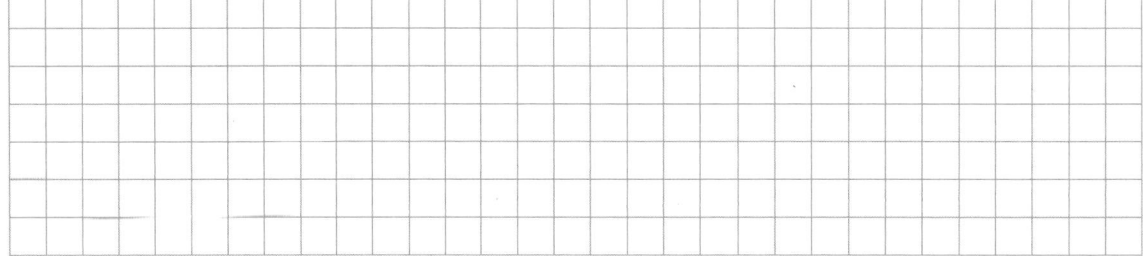

22 Ein Paar Winterstiefel für 100 € wird im Januar um 5 % reduziert. Im Februar werden die Stiefel noch einmal um 10 % heruntergesetzt.

a Wie viel muss Frau Klein jetzt für die Stiefel bezahlen?

b Wäre es für Frau Klein günstiger gewesen, wenn die Stiefel sofort um 15 % reduziert worden wären?

☐ Ja

☐ Nein

Begründe rechnerisch.

23 Ein Kinobetreiber wertet die Besucherzahlen der letzten Woche aus: Am Wochenende kamen insgesamt 1 050 Personen. Am Kinotag (Dienstag) kamen 413 Besucher. Das waren 18 % mehr als an den restlichen Wochentagen. Wie viele Personen kamen insgesamt in dieser Woche ins Kino?

24 Vor der Preissenkung musste für das Auto 25 500 € bezahlt werden. Überprüfe die Aussage des Werbeplakats durch eine Rechnung.

SPAREN SIE **18%**

NUR 21 000 €

25 In den ersten drei Tagen nach der Geburt nehmen Babys rund 7 % ihres Geburtsgewichts ab. Danach nehmen sie ca. 150 g pro Woche zu.

a Emma hat in den ersten drei Tagen 217 g an Gewicht verloren.
Wie viel wog Emma bei der Geburt?

b Wie viel wiegt Emma nach vier Wochen?
Kreuze an und begründe rechnerisch.

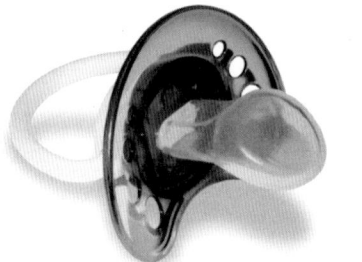

☐ 3 700 g

☐ 3 483 g

☐ 3 917 g

☐ 3 350 g

26 Die sogenannte Sonntagsfrage ist eine Umfrage, bei der verschiedene Personen befragt werden, welche Partei sie wählen würden, wenn am nächsten Sonntag Bundestagswahlen wären.

a Ergänze bei folgendem Säulendiagramm die Prozentsätze.

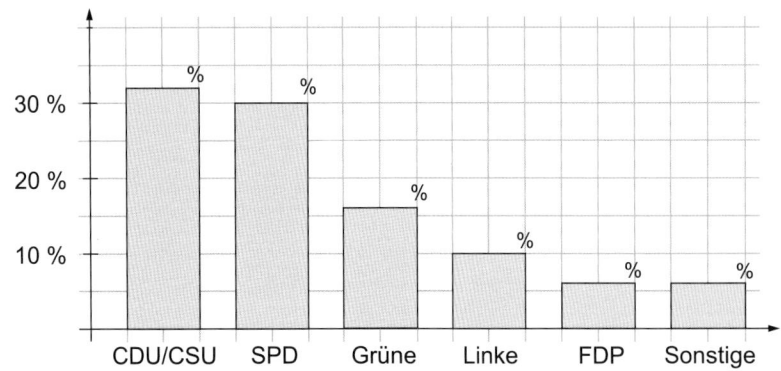

b Es nahmen 1 250 Personen an dieser Umfrage teil.
Wie viele Stimmen erhielt die CDU/CSU, wie viele Stimmen die SPD?

27 a Vervollständige die Tabelle dieser direkt proportionalen Zuordnung.

Anzahl	10	35		70		100	
Preis in €		245	350		630		770

b Welcher Zusammenhang könnte hier dargestellt sein?

_____

28 Johannes trainiert für ein Radrennen.

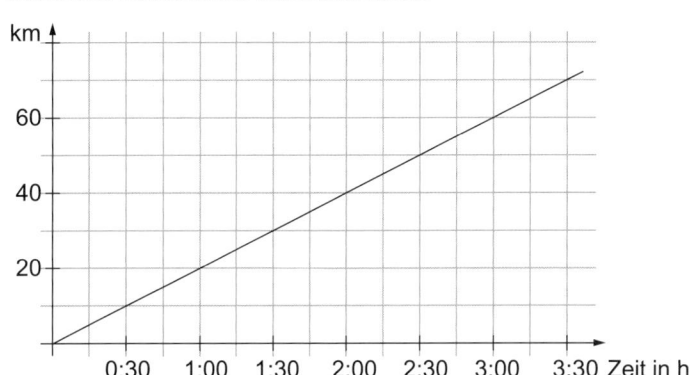

a Wie viele Kilometer legt er in drei Stunden zurück?

_____ km

b Mit welcher Geschwindigkeit fährt Johannes? Kreuze an.

☐ $10\,\frac{km}{h}$

☐ $15\,\frac{km}{h}$

☐ $20\,\frac{km}{h}$

c In einer Woche trainiert Johannes täglich zwei Stunden.
Wie viele Kilometer legt er in dieser Woche zurück?

d Johannes erhöht seine Trainingsgeschwindigkeit. Er fährt nun mit $25\,\frac{km}{h}$.
Zeichne den entsprechenden Graphen in das Koordinatensystem.

29 In einer Gärtnerei gibt es nebenstehendes Angebot. Wie viel kostet ein Strauß mit acht bzw. 15 Rosen?

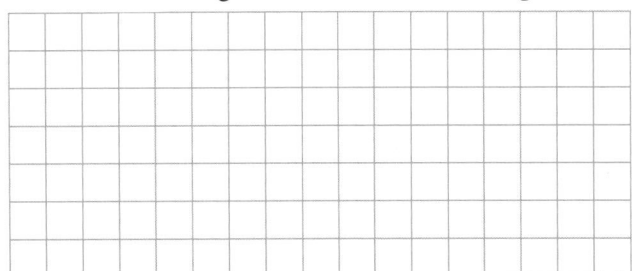  

30 **a** Kreuze alle Zuordnungen an, die direkt proportional sind.

☐ Anzahl der Eiskugeln → Preis für dieses Eis

☐ Alter eines Menschen → Gewicht des Menschen

☐ Anzahl der Kinogänger → Einnahmen an der Kinokasse

☐ Menge der Kirschen → Preis für die Kirschen

☐ Anzahl der Schüler in einer Klasse → Anzahl der Note 1 in einer Arbeit

b Begründe, warum die restlichen Zuordnungen nicht direkt proportional sind.

_____

_____

_____

_____

31 Hier siehst du die Kosten für die Leistungen eines Handwerkers. Ergänze die fehlenden Werte.

Zeit in h		2	4				12	16	17
Kosten in €	65	130			455	585			

32 Für ihre Familie (drei Personen) kocht Frau Müller immer 450 g Nudeln.
Wie viel Gramm Nudeln muss sie kochen, wenn noch zwei Personen zu Besuch kommen?

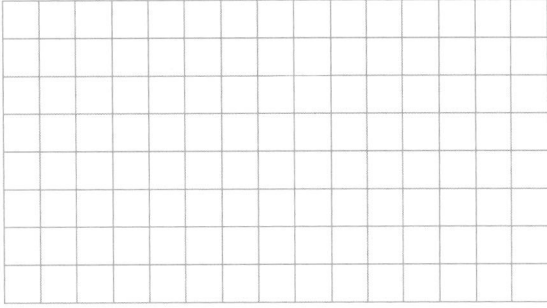 

33 Vier Pumpen benötigen zwölf Stunden, um das Becken eines Erlebnisbads mit Wasser zu füllen.

  a Entschcide, um was für eine Art der Zuordnung es sich handelt.

☐ direkt proportionale Zuordnung

☐ umgekehrt proportionale Zuordnung

  b Welcher Graph passt zu dieser Zuordnung? Kreuze an.

☐   ☐   ☐

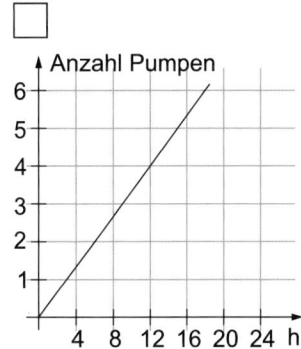
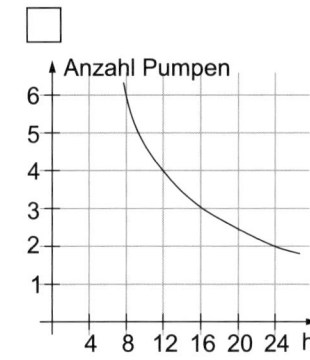
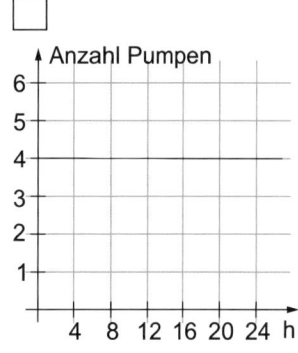

  c Wie lange dauert der Füllvorgang, wenn nur drei Pumpen eingesetzt werden können?
     Lies aus dem Graphen ab.

  _____

  d Das Becken soll in nur acht Stunden gefüllt werden. Lies aus dem Graphen ab, wie viele Pumpen
     dann eingesetzt werden müssen.

  _____

34 Der Graph zeigt die Fahrt der Familie Gruber in den 425 km entfernten Urlaubsort.

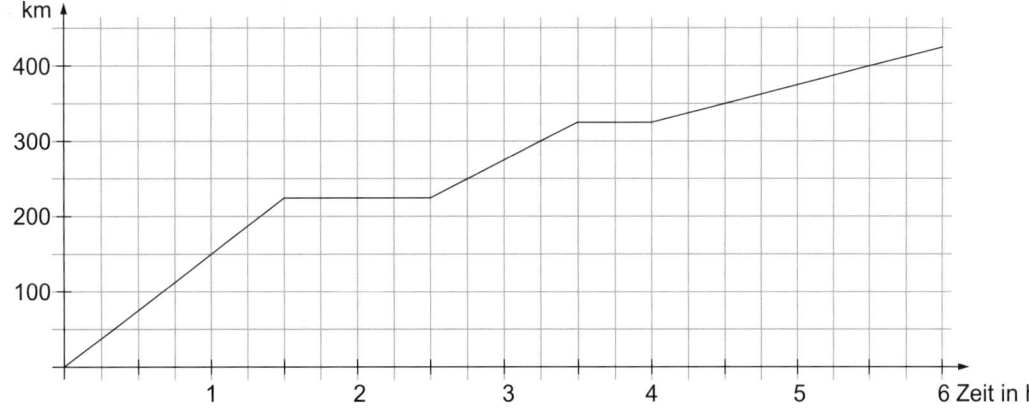

Welche Aussagen sind wahr? Kreuze an.

☐ Insgesamt macht die Familie 1,5 Stunden Pause.

☐ Auf dem letzten Teilstück fährt Familie Gruber mit der höchsten Geschwindigkeit.

☐ Die Familie fährt jedes Teilstück immer über $60 \frac{km}{h}$.

☐ Nach sechs Stunden ist die Familie am Ziel angekommen.

35 Ben schließt einen neuen Handyvertrag ab. Die Grundgebühr beträgt 5,88 €. Pro SMS bezahlt er zusätzlich 0,14 €.

a Welche Darstellung zeigt diesen Sachverhalt? Kreuze an.

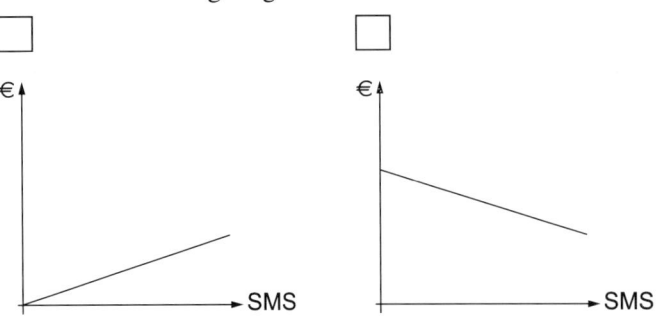 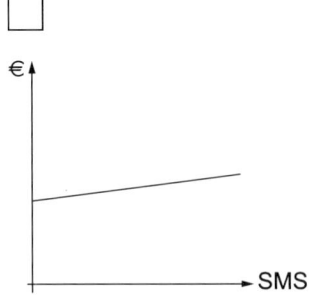

b Begründe deine Wahl.

c Im Mai schreibt Ben lediglich zwölf SMS. Wie hoch sind die Telefonkosten für Ben im Mai?

d Im Juni muss Ben für Grundgebühr und SMS 8,96 € bezahlen. Wie viele SMS hat er geschrieben? Kreuze an und begründe rechnerisch.

- [ ] 64
- [ ] 36
- [ ] 22

36 Sven trainiert zu Hause mit einer Langhantel. Die Stange alleine wiegt 12 kg. Zusätzlich hat Sven vier 2,5-kg-Scheiben und sechs 5-kg-Scheiben, die er links und rechts anbringen kann.
Wie muss Sven die Scheiben verteilen, wenn er insgesamt mit 27 kg trainieren möchte?
Achte darauf, dass links und rechts dieselbe Masse angebracht werden muss.

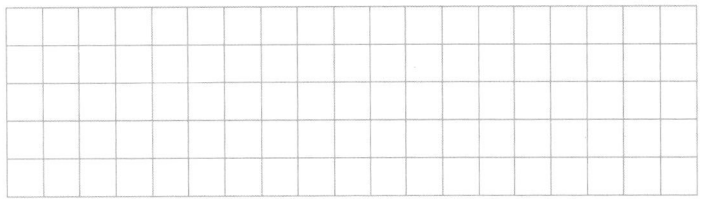 

37 Eintrittspreise Tierpark

Erwachsene	9,00 €
Kinder (4 bis 14 Jahre)	4,50 €

Gruppen (Preise pro Person)

Kindergartengruppen (je 5 Kinder ein Betreuer frei)	3,50 €
Schulklassen (je 10 Kinder ein Betreuer frei)	3,50 €
zusätzliche Betreuer	6,00 €

Jahreskarte

Erwachsene	55 €
Kinder (4 bis 14 Jahre)	25 €

Tierpark-50-Karte

Mit dieser Karte zahlen Sie innerhalb eines Jahres nur die Hälfte des regulären Eintrittspreises.

Erwachsene	9,00 €
Kinder (4 bis 14 Jahre)	4,50 €

a Eine Kindergartengruppe geht mit 28 Kindern und sechs Betreuern in den Tierpark. Wie viel muss an der Kasse bezahlt werden?

b Frau Müller geht gerne in den Zoo. Sie vergleicht die Preise der Jahreskarte mit dem Angebot der „Tierpark-50-Karte". Sie geht von einem Besuch pro Monat aus. Wozu würdest du ihr raten? Kreuze an.

☐ Jahreskarte

☐ Tierpark-50-Karte

Begründe deine Wahl.

c Herr und Frau Klein haben zwei Kinder. Karlo ist fünf und Leo zwei Jahre alt. Sie waren in den letzten zwölf Monaten an neun Tagen im Zoo. Frau Klein meint: „Die Jahreskarten haben sich für uns nicht gelohnt!" Nimm Stellung.

38

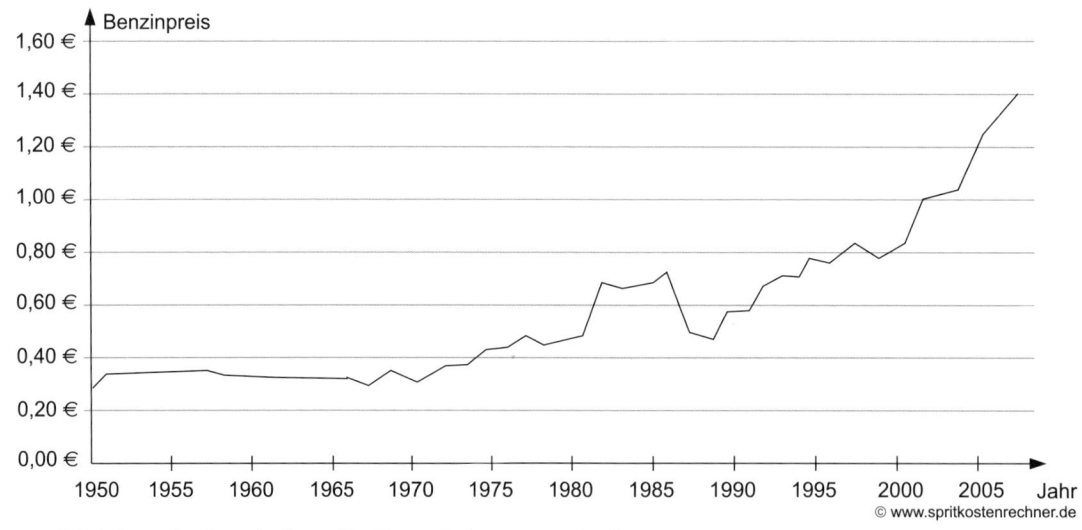

a Welchen Sachverhalt stellt dieses Diagramm dar?

_____

_____

b In welchem Zeitabstand hat sich der Benzinpreis erstmals verdoppelt?

c Lies die durchschnittlichen Benzinpreise für die Jahre 1955, 1985 und 2005 ab.

1955: _____   1985: _____   2005: _____

d Welche der folgenden Aussagen sind wahr, welche falsch? Kreuze an.   wahr   falsch

Der Benzinpreis ist seit 1950 kontinuierlich gestiegen.   ☐   ☐

Von 1975 bis 2000 hat sich der Benzinpreis um 200 % erhöht.   ☐   ☐

1990 war der Benzinpreis ca. 0,15 € niedriger als 1985.   ☐   ☐

39

Öffnungszeiten Kölner Ganzjahresbad

Freibad: **Hallenbad:**

Mai, August, September: 9 Uhr bis 20 Uhr   Januar bis Dezember: 8 Uhr bis 22 Uhr

Juni und Juli: 9 Uhr bis 21 Uhr

a Wie viele Stunden kann man am 12. Mai im Freibad bleiben?

b In welchen Monaten kann man nur das Hallenbad nutzen?

_____

40 Die Grafik zeigt die prozentuale Verteilung der Haushalte mit Internetzugang 2009.

a Welche der folgenden Aussagen sind wahr? Kreuze an.

☐ In Italien hat etwa die Hälfte der Bevölkerung einen Internetanschluss.

☐ Die Verbreitung des Internets ist in Großbritannien am höchsten.

☐ Deutschland liegt in der Rangliste der abgebildeten Länder an zweiter Stelle.

☐ In Österreich ist die Verbreitung des Internets um 8 % höher als in Polen.

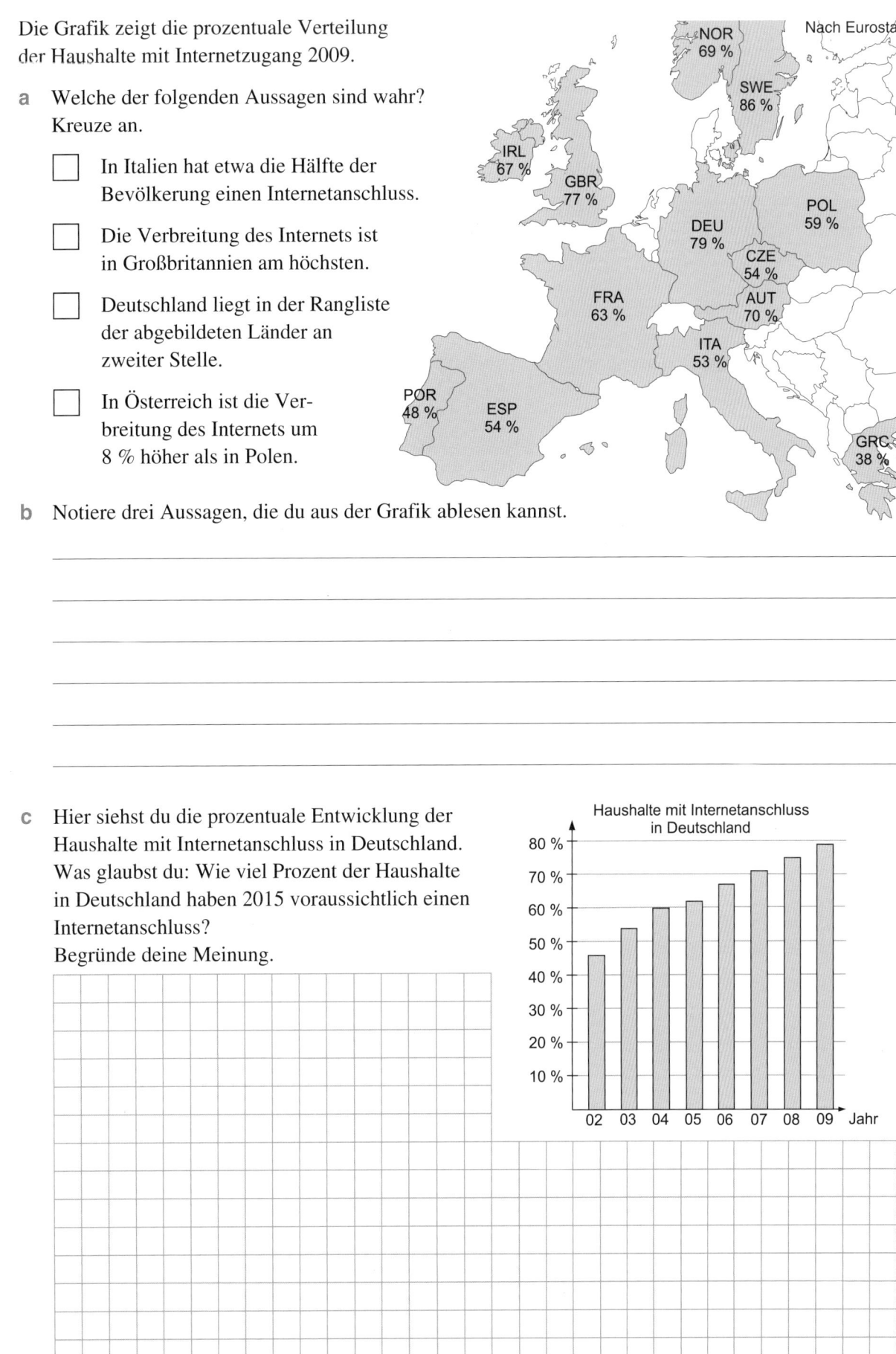

Nach Eurostat

NOR 69 %
SWE 86 %
IRL 67 %
GBR 77 %
POL 59 %
DEU 79 %
CZE 54 %
FRA 63 %
AUT 70 %
ITA 53 %
POR 48 %
ESP 54 %
GRC 38 %

b Notiere drei Aussagen, die du aus der Grafik ablesen kannst.

c Hier siehst du die prozentuale Entwicklung der Haushalte mit Internetanschluss in Deutschland. Was glaubst du: Wie viel Prozent der Haushalte in Deutschland haben 2015 voraussichtlich einen Internetanschluss? Begründe deine Meinung.

Haushalte mit Internetanschluss in Deutschland

80 %
70 %
60 %
50 %
40 %
30 %
20 %
10 %

02 03 04 05 06 07 08 09 Jahr

41 Johanna und Paul planen einen Ausflug mit der Bahn von Rosenheim nach Salzburg.

Verbindung 1:

Bahnhof/Haltestelle		Zeit	Gleis	Zug	Preis
Rosenheim	ab	10:31	5	RE 30011	15,50 EUR
Bad Endorf	ab	10:42	4		
Prien am Chiemsee	ab	10:50	1		
Bernau am Chiemsee	ab	10:54	1		
Übersee	ab	11:00	2		
Bergen (Oberbayern)	ab	11:07	1		
Traunstein	ab	11:14	2		
Teisendorf	ab	11:25	2		
Freilassing	ab	11:34	2		
Salzburg Hbf	an	11:42	4		

Verbindung 2:

Bahnhof/Haltestelle		Zeit	Gleis	Zug	Preis
Rosenheim	ab	11:06	4	EC 317	19,00 EUR
Prien am Chiemsee	ab	11:23	1		
Traunstein	ab	11:43	2		
Freilassing	ab	12:01	2		
Salzburg Hbf	an	12:09	3		

a Wie lange sind die zwei mindestens mit dem Zug unterwegs?

b Zu welcher Verbindung rätst du den beiden? Begründe.

c Die zwei haben sich für den Zug RE30011 entschieden.
   Wie oft hält dieser Zug auf dem Weg vom Start- zum Zielort an?

d Notiere selbst zwei Fragen, die man mithilfe der Fahrpläne beantworten kann.

42 Kreuze jeweils die richtige Lösung an.

a 34,98 m³ entspricht:

☐ 349,8 ℓ

☐ 3 498 ℓ

☐ 34 980 ℓ

☐ 349 800 ℓ

b 500 400 s entspricht:

☐ 5 d 13 h 30 min

☐ 4 d 18 h 30 min

☐ 5 d 19 h

☐ 5 d 17 h 30 min

43 Eine Packung mit Milchmäusen wiegt 0,21 kg.
Wie viele Mäuse zu 6 g befinden sich in der Packung?

44 Vergleiche. Setze >, < oder = ein.

a 15,7 km² ☐ 157 m²

c 990 ct ☐ 9,90 €

b 3,5 h ☐ 126 000 s

d 56 ℎℓ ☐ 560 dm³

45 Herr Gerhart und sein Sohn stehen an einer Straßen-
laterne. Schätze, wie hoch diese ist, und begründe,
wie du zu deiner Schätzung kommst.

46 **a** Zeichne die Punkte A(2|1), B(6|3), C(6|7) und D(2|5) in das Koordinatensystem ein.

b Verbinde die Punkte der Reihe nach. Welche Figur entsteht?

_____

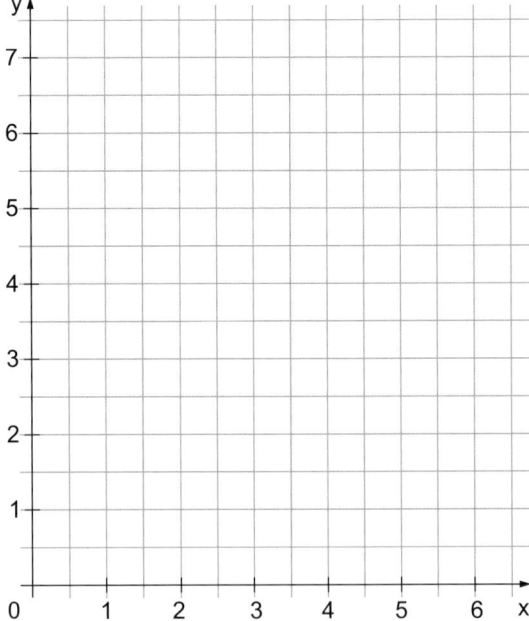

47 **a** Wie lauten die Koordinaten der Punkte A, B und C?

A(_____|_____)

B(_____|_____)

C(_____|_____)

b Ergänze die Figur zu einem Drachenviereck.

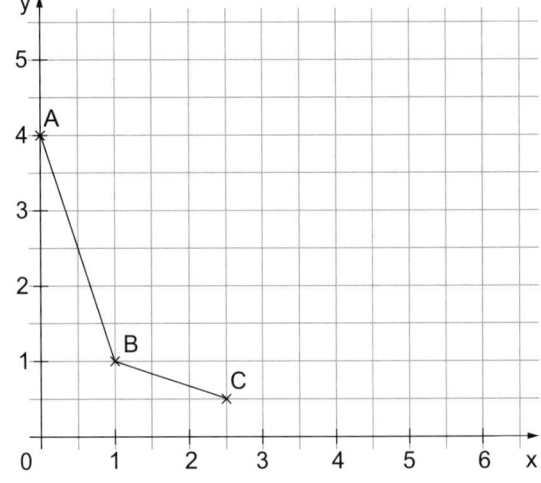

48 **a** Trage die Punkte A(3|2), B(1|5) und C(6|2,5) in das Koordinatensystem ein.
B und C liegen auf der Geraden g.

b Zeichne eine Parallele p zu g durch den Punkt A.

c Zeichne zur Geraden g eine Senkrechte s durch den Punkt A und bestimme den Abstand von A zu g.

_____

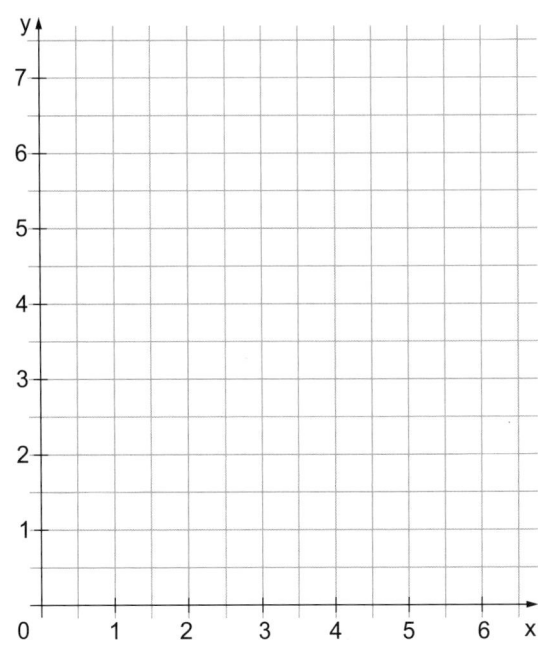

49 Welche Bilder sind achsensymmetrisch? Kreuze an und zeichne die Symmetrieachsen ein.

50 a Zeichne die Punkte A(0,5|1), B(3|1), C(4|3,5), D(2|4,5) und E(0,5|3) in ein Koordinatensystem ein und verbinde sie der Reihe nach zu einer geschlossenen Figur.

b Die Koordinaten G(2,5|6,5) und H(8|1) bilden eine Spiegelachse.
Spiegle die Figur an dieser Achse und gib die Koordinaten der Spiegelpunkte an.

A'(_____|_____)   B'(_____|_____)   C'(_____|_____)

D'(_____|_____)   E'(_____|_____)

51 Zeichne die Symmetrieachsen ein.

a

b

c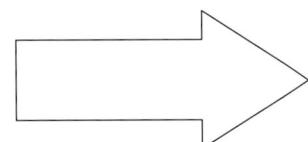

d

52 Bestimme die Größe der fehlenden Winkel.

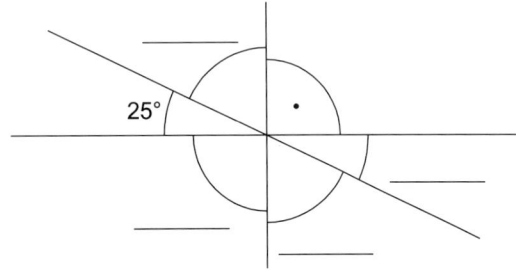

53 Kreuze jeweils an, um welche Winkelart es sich handelt.

a 305°

◻ Stumpfer Winkel

◻ Überstumpfer Winkel

b 89°

◻ Spitzer Winkel

◻ Stumpfer Winkel

c 90°

◻ Rechter Winkel

◻ Gestreckter Winkel

d 360°

◻ Nullwinkel

◻ Vollwinkel

54 Kreuze die Aussagen an, die auf die Zeichnung zutreffen.

◻ α = 35°

◻ g ⊥ m

◻ β = 145°

◻ g ∥ h

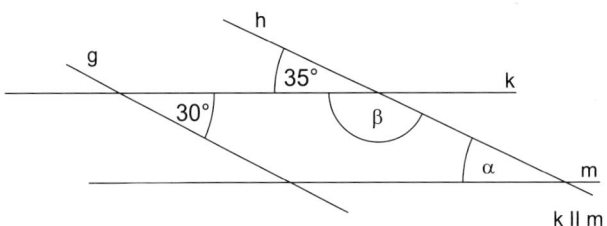

55 Ulli und Lars haben ein Sonnensegel in Form eines Dreiecks gekauft. Das gesamte Segel wiegt laut Hersteller 409 g, wobei 1 m² des Stoffs 0,12 kg wiegt.

a Welchen Flächeninhalt hat das Segel etwa? Kreuze an.

☐ 3,75 m²

☐ 3,63 m²

☐ 3,41 m²

Begründe rechnerisch.

b Die Basis des gleichschenkligen Segels hat eine Länge von 250 cm.
Wie lang ist die Höhe auf die Basis?

56 Für ein Fest werden von der Spitze eines Turms bunte Tücher bis zum Boden gespannt.

a Wie lautet die Formel für den Flächeninhalt des grauen Tuchs? Kreuze an.

☐ $A = \frac{1}{2} \cdot h \cdot b$

☐ $A = \frac{1}{2} + a + b$

☐ $A = \frac{1}{2} \cdot a \cdot b$

☐ $A = \frac{1}{2} \cdot h \cdot a$

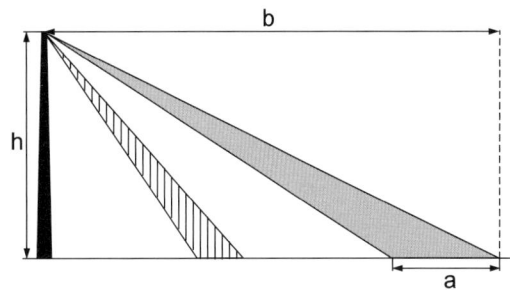

b Berechne den Flächeninhalt des grauen Tuchs (h = 15 m; a = 4 m; b = 20 m).

57 Zeichne neben das rechtwinklige Dreieck ein gleichschenkliges Dreieck mit demselben Flächeninhalt.

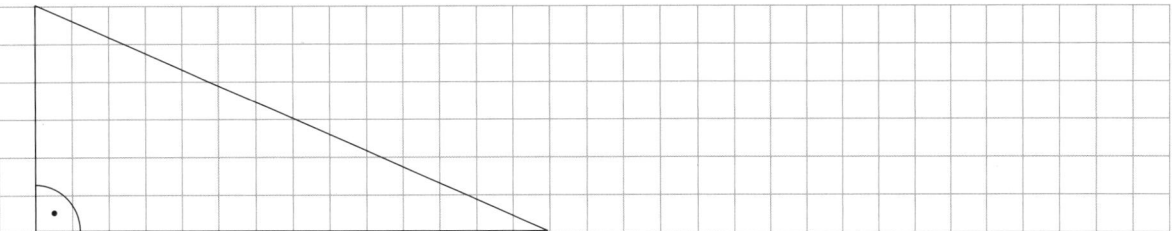

58 Vierecke kann man anhand ihrer Winkel und Seiten unterscheiden.
Kreuze wahre Aussagen an.

☐ Jedes Viereck, das vier 90°-Winkel hat, heißt Quadrat.

☐ Jedes Quadrat ist auch eine Raute.

☐ Ein Viereck, bei dem nur zwei Seiten parallel sind, heißt Trapez.

☐ Jedes Parallelogramm ist auch ein Rechteck.

☐ Jedes Viereck, bei dem gegenüberliegende Winkel gleich groß sind, heißt Drachen.

☐ Bei einem Viereck mit vier 90°-Winkeln könnte es sich um ein Quadrat oder ein Rechteck handeln.

59 Das graue Quadrat nimmt genau ein Viertel der Gesamtfläche ein.
Berechne den Flächeninhalt des grauen Quadrats.

60 Schlossermeister Heise schneidet aus einer Blechtafel (2 m × 1 m) rechteckige Platten der Größe 25 cm × 50 cm aus.

a Wie viele Platten erhält er?

b Wie ändert sich die Stückzahl, wenn die Platten die Maße 25 cm × 25 cm haben?

61 Inga meint: „Wenn ich die Länge aller Seiten eines Rechtecks verdopple, dann verdoppelt sich auch der Flächeninhalt." Widerlege diese Behauptung anhand eines Beispiels.

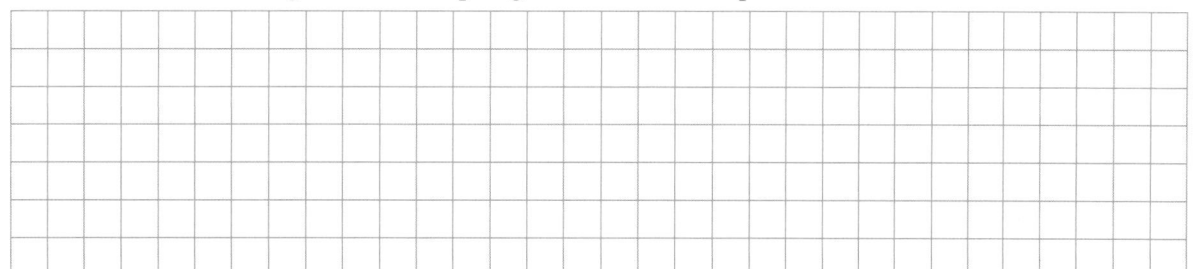

62 Welche Netze ergeben beim Zusammenfalten einen Quader? Kreuze an.

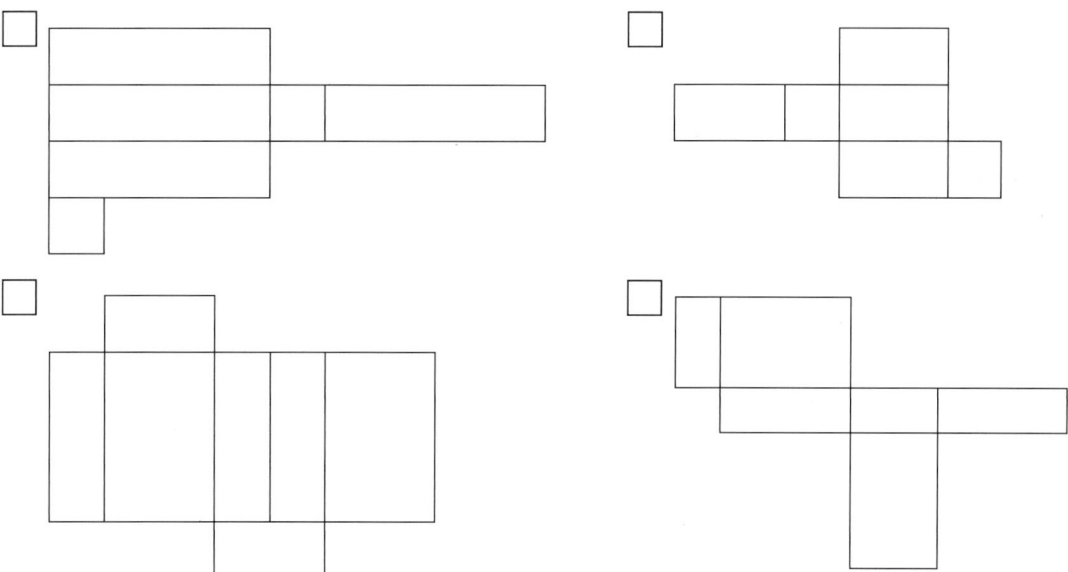

63 Bei einem Würfel ergeben gegenüberliegende Augenzahlen den Summenwert 7. Vervollständige die Netze.

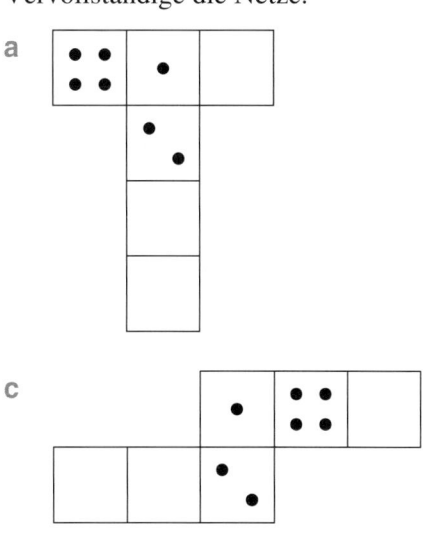

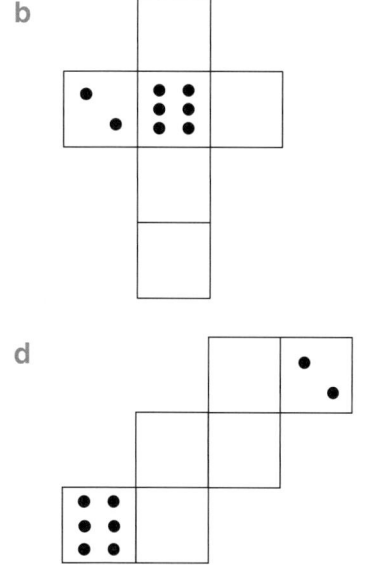

64 Postbote Erwin muss diese Pakete ausliefern.
Welches Gesamtvolumen haben sie?

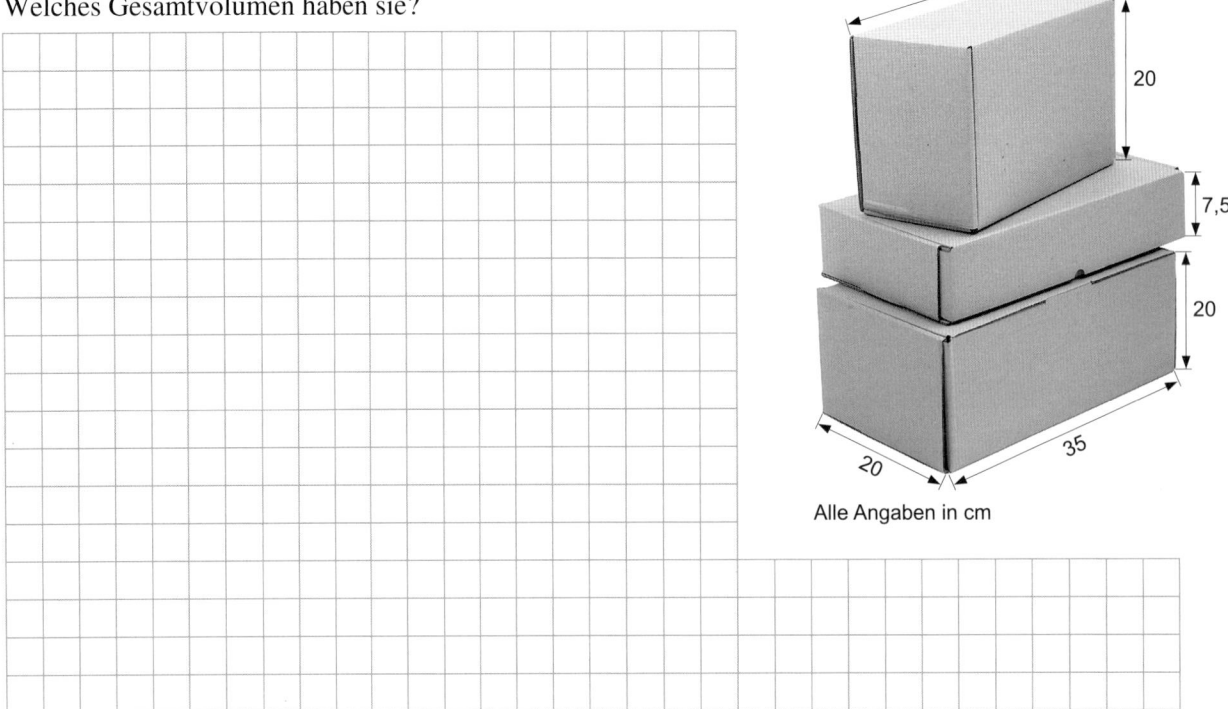

Alle Angaben in cm

65 Julia und Lukas sollen im Mathematikunterricht das Kantenmodell eines Ziegelsteins bauen.
Ein Ziegelstein hat die Maße 26 cm × 9 cm × 14 cm.

a Fertige eine Schrägbildskizze im Maßstab 1 : 2 an.

b Wie viel Meter Draht benötigen die beiden?

66 Auf dem Balkon der Familie Münz werden zwei identische Blumenkästen mit Erde gefüllt.

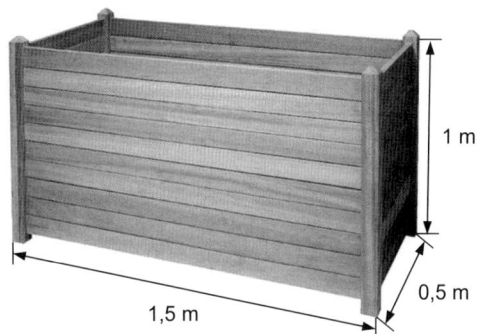

1 m

1,5 m   0,5 m

a Wie viele Säcke der abgebildeten Erde werden benötigt?
   Kreuze an und begründe deine Entscheidung.

☐ 10

☐ 11

☐ 20

☐ 22

☐ 25

b Frau Münz will die Außenwände und die Unterseite des Bodens streichen.
   Wie groß ist die Fläche, die sie streichen muss?

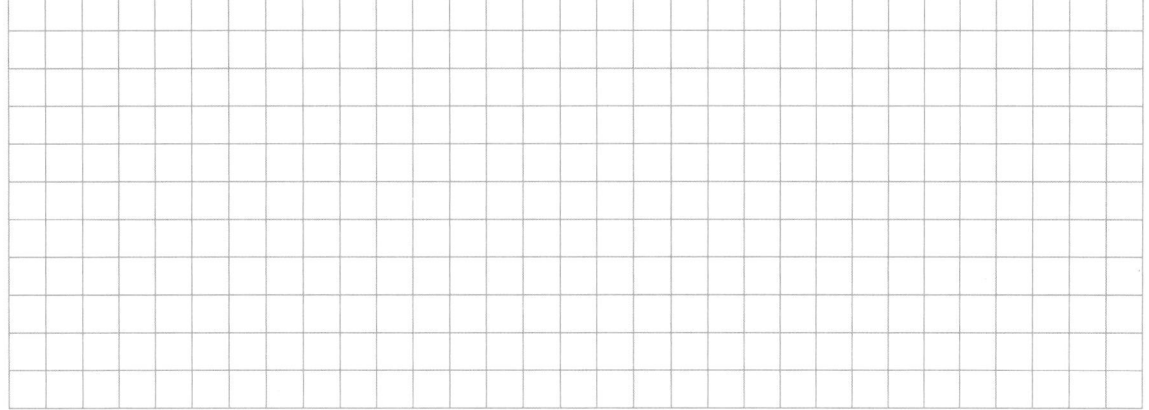

67 An einer Schule in Niederbayern arbeiten 40 Lehrer. Zwölf der Lehrer wohnen in Hengersberg, vier in Niederalteich, zwei kommen aus Winzer und die restlichen Lehrer wohnen in Lalling.
Stelle diesen Sachverhalt in einem Balkendiagramm dar.

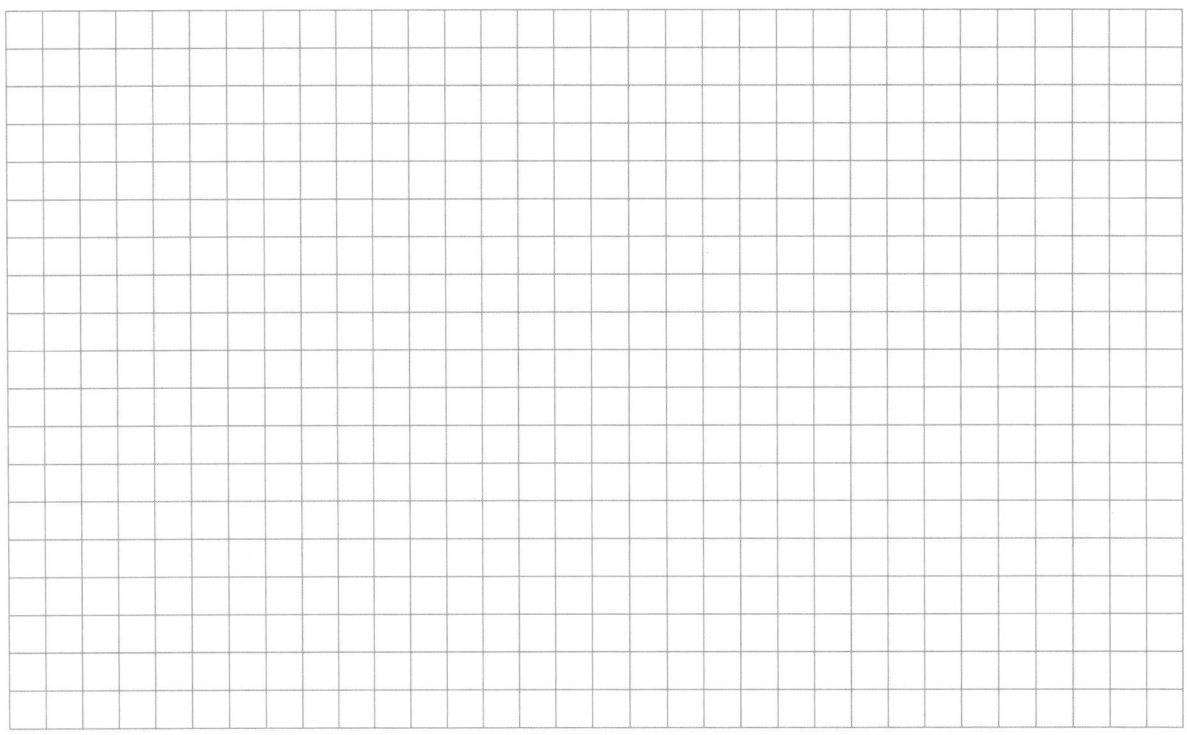

68 In einer Leichtathletikgruppe sind Sportler folgenden Alters angemeldet:

13	11	15	13	16	15	11	12	17	13	15	14
16	13	14	13	11	13	14	16	14	15	15	12

a Erstelle eine Rangliste.

b Ergänze die Häufigkeitstabelle.

Alter der Sportler						
Anzahl der Sportler						

c Berechne das Durchschnittsalter der Gruppe.

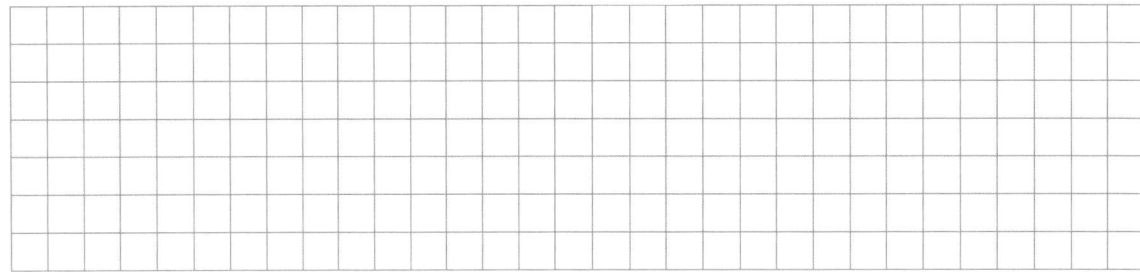

69 In einer Großküche werden täglich 180 Gerichte zubereitet und an verschiedene Einrichtungen geliefert.

a Ergänze die Häufigkeitstabelle.

	Schulmensa	Schulhort	Kindergarten
absolute Häufigkeit	99	36	
relative Häufigkeit			25 %

b Um das Essen besser auf den Geschmack der Kinder abzustimmen, wurde unter den Schülern, die den Hort besuchen, eine Umfrage zu ihrem Lieblingsgericht durchgeführt. Die Ergebnisse wurden in einer Strichliste festgehalten.
Vervollständige die Tabelle.

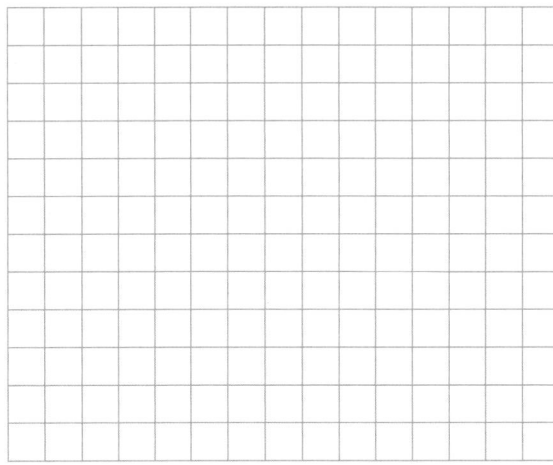

Spaghetti ⳾卌 III
Pizza 卌 卌
Fischstäbchen 卌 II
Pfannkuchen 卌 卌 I

Gericht				
relative Häufigkeit				

c Ergänze das Kreisdiagramm.

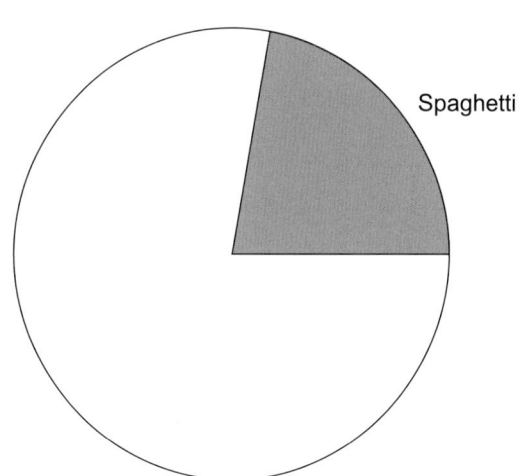

Spaghetti

70 Das Kreisdiagramm zeigt den prozentualen Umsatzanteil verschiedener Instrumente an den Gesamteinnahmen eines Hersteller. Welche Aussagen treffen zu? Kreuze an.

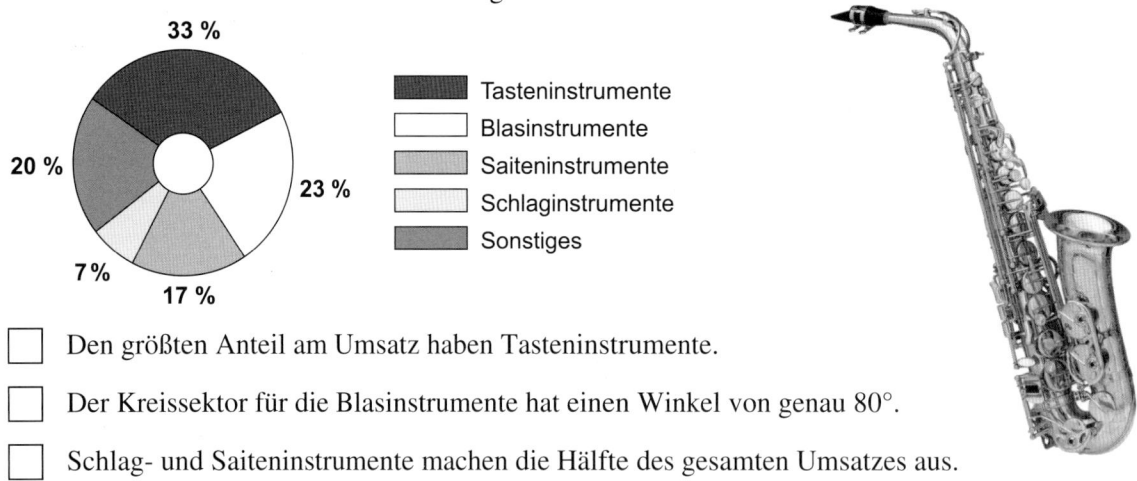

☐ Den größten Anteil am Umsatz haben Tasteninstrumente.

☐ Der Kreissektor für die Blasinstrumente hat einen Winkel von genau 80°.

☐ Schlag- und Saiteninstrumente machen die Hälfte des gesamten Umsatzes aus.

☐ Der Kreissektor für die sonstigen Instrumente hat einen Winkel von genau 72°.

71 Hier siehst du ein Klimadiagramm für Barcelona. Es gibt die durchschnittliche Monatstemperatur und den durchschnittlichen monatlichen Niederschlag an.

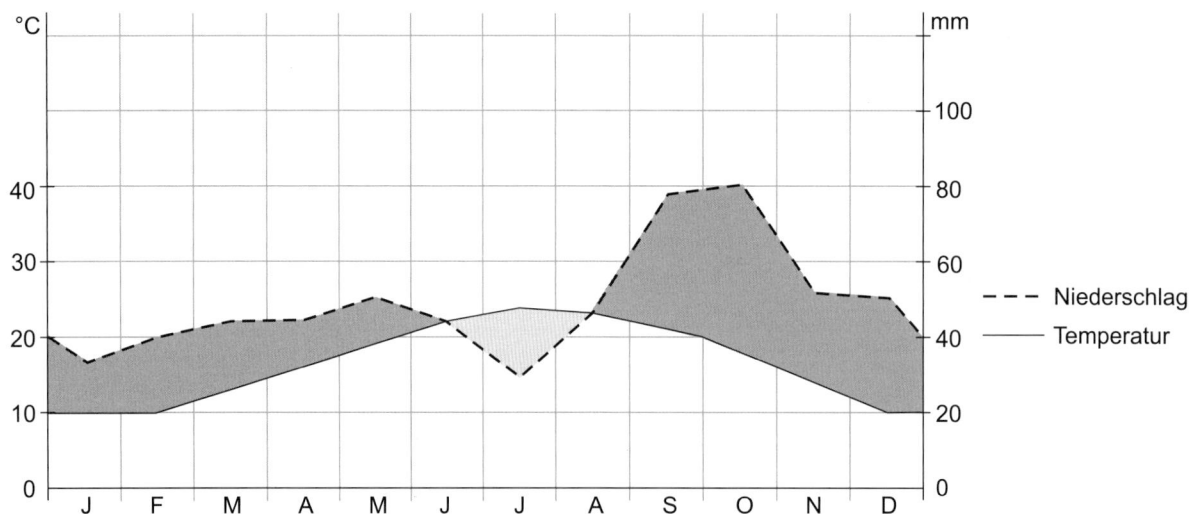

a Berechne die Jahresdurchschnittstemperatur von Barcelona.

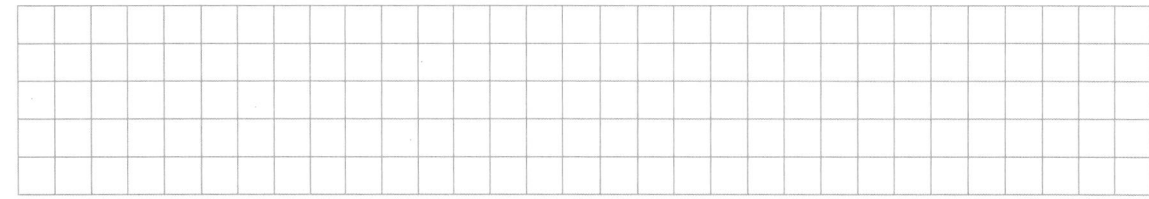

b Wie groß ist der Unterschied der Wassermenge zwischen dem Monat mit der größten Niederschlagsmenge und dem Monat mit der geringsten Niederschlagsmenge?

72 Mona erhält monatlich 20 € Taschengeld. In den letzten Monaten hat sie folgende Beträge gespart:

Monat	Okt.	Nov.	Dez.	Jan.	Feb.	März
Beträge in €	17	15	15,50	10	11,50	9

a Wie viel Geld hat Mona insgesamt ausgegeben?

b Wie viel Geld hat Mona pro Monat im Durchschnitt ausgegeben?

c Wie viel Prozent ihres Taschengelds hat Mona in den letzten Monaten gespart?

73 Die Lehrerin der Klasse 8 c hat ein Diagramm mit den Noten der letzten Mathearbeit erstellt.

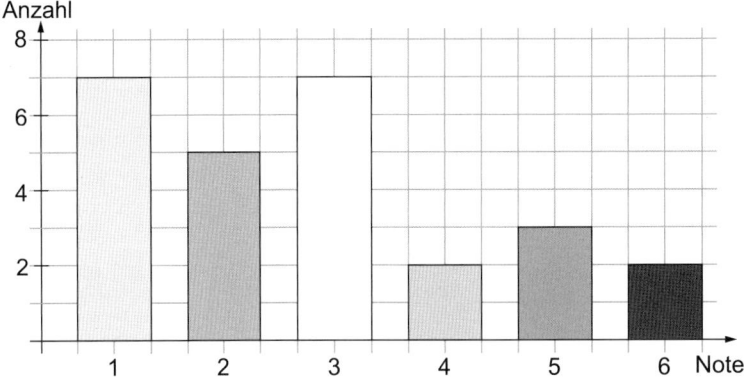

a Berechne den Notendurchschnitt.

b Welche der folgenden Aussagen treffen zu? Kreuze an.

☐ Mehr als die Hälfte der Schüler hat eine bessere Note als 3.

☐ Mehr als die Hälfte der Schüler hat eine schlechtere Note als 2.

☐ Die Anzahl der Schüler mit den Noten von 1 bis 3 ist genauso groß wie die Anzahl der Schüler mit den Noten von 2 bis 6.

☐ Die Anzahl der Schüler mit den Noten von 2 bis 4 ist genauso groß wie die Anzahl der Schüler mit den Noten von 2 bis 6.

74 Das Buch „Harry Potter und der Halbblutprinz" hat 1 020 Seiten. Lisa hat das Buch in den Osterferien (zwei Wochen) gelesen.

a Wie viele Seiten musste Lisa im Durchschnitt pro Tag lesen? Runde auf ganze Seiten.

b Lisa hat diese Seitenzahl nicht an allen Tagen geschafft. Mal waren es etwas weniger, mal etwas mehr. An den Tagen ohne Eintrag hat sie immer dieselbe Seitenzahl gelesen.
Wie viele Seiten waren das jeweils?

Tag	1	2	3	4	5	6	7	8	9	10	11	12	13	14
Seitenzahl	0	75		74	0		80	40	0	90		15	30	

c In den Sommerferien liest Lisa das Buch „Harry Potter und die Heiligtümer des Todes" in zwölf Tagen.
Wie viele Seiten hat das Buch, wenn Lisa durchschnittlich 64 Seiten pro Tag liest? Kreuze an.

☐ 748

☐ 788

☐ 768

75 Gabi und Lilli bekommen Fruchtbonbons geschenkt. In dem Glas sind insgesamt 66 Bonbons. Davon haben 25 Stück Zitronengeschmack, 18 Stück schmecken nach Orange und 23 Bonbons schmecken nach Erdbeere.

a Mit welcher Wahrscheinlichkeit bekommt Gabi beim blinden Ziehen ein Bonbon mit Orangengeschmack?

b Mit welcher Wahrscheinlichkeit bekommt Lilli beim blinden Ziehen ein Bonbon mit Zitronengeschmack?

76 Eine Schokoladenfabrik stellt Pralinen her. In einer Packung sind insgesamt 20 Stück und zwar vier Nussherzen, fünf Trüffelpralinen, drei Nougatperlen, zwei Krokantherzen und sechs Marzipanaugen.

a Mit welcher Wahrscheinlichkeit erhält man beim blinden Auswählen eine Nougatperle bzw. eine Trüffelpraline?

☐ $\frac{5}{10}$ bzw. 50 %

☐ $\frac{3}{20}$ bzw. 25 %

☐ 0,33 % bzw. 2,89 %

b Carina hat ein Nussherz erwischt und gibt die Packung an Semir weiter.
Mit welcher Wahrscheinlichkeit erwischt Semir nun ebenfalls ein Nussherz? Begründe.

77 Marc dreht bei einer Tombola an einem Glücksrad. Bleibt das Glücksrad beim Kleeblatt (K) stehen, erhält man 20 Gewinnpunkte, beim Glücksschwein (S) erhält man 10 Punkte, beim Schornsteinfeger (F) bekommt man 30 Punkte und bei der Münze (M) bekommt man 0 Punkte.

a Mit welcher Wahrscheinlichkeit bleibt das Rad bei der Münze stehen?

_____

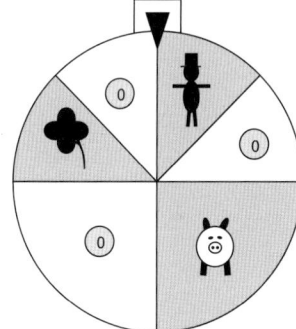

b Mit welcher Wahrscheinlichkeit bleibt das Rad beim Schornsteinfeger stehen?

_____

c Marc möchte einen Gewinn, für den er 100 Gewinnpunkte benötigt.
Wie oft muss er dafür mindestens am Glücksrad drehen?

_____

d Nachdem Marc viermal am Glücksrad gedreht hat, hat er 50 Punkte.
Gib alle möglichen Kombinationen an, die zu diesem Ergebnis führen. Die Reihenfolge kannst du dabei außer Acht lassen.

_____

_____

_____

e Einen Gewinn kann man sich ab 20 Punkten aussuchen.
Mit welcher Wahrscheinlichkeit erhält man beim einmaligen Drehen einen Gewinn?

_____

78 Die Lieblingssüßigkeit von Mario und Pepe sind diese Fruchtgummis in Rollenform. In einer Rolle befinden sich insgesamt 13 Fruchtgummis. Mario zählt vier Stück mit Apfelgeschmack, ein Stück mit Kirschgeschmack, drei Stück mit Orangen- und fünf Stück mit Passionsfruchtgeschmack.

© Haribo

a Wie groß ist die Wahrscheinlichkeit, dass Mario mit geschlossenen Augen ein Fruchtgummi mit Apfelgeschmack greift?

☐ $\frac{4}{13}$

☐ $\frac{1}{26}$

☐ $\frac{2}{7}$

☐ $\frac{1}{4}$

b Pepe soll nun insgesamt fünf Fruchtgummis bekommen. Er hat bereits vier gezogen: Zweimal Apfel, einmal Orange und einmal Passionsfrucht.
Wie groß ist die Wahrscheinlichkeit, dass er mit den fünften Zug das Fruchtgummi mit Kirschgeschmack bekommt?

c Denke dir eine kurze Frage zu den Fruchtgummis aus, auf die man Antworten kann: „Die Wahrscheinlichkeit hierfür beträgt $\frac{3}{13}$." Ergänze dazu die folgende Frage:

Wie groß ist die Wahrscheinlichkeit, dass _____

_____ erhält?

79 Hier siehst du einen Würfel mit drei unterschiedlichen Buchstaben (A, B und C) auf den Seitenflächen.
Die Wahrscheinlichkeit, mit dem Würfel ein „B" zu werfen, beträgt $\frac{1}{6}$.
Die Wahrscheinlichkeit, ein „A" zu werfen, liegt bei $\frac{1}{3}$.
Die Wahrscheinlichkeit, für ein „C" beträgt $\frac{1}{2}$.

Welche Buchstaben sind auf den in der Abbildung nicht sichtbaren Flächen? Kreuze an.

☐ Ein A, ein B, ein C.

☐ Ein A und zwei C.

☐ Ein A, zwei B und drei C.

☐ Ein B, drei A und drei C.

☐ Zwei C und ein A.